まきもの

風工房　文化出版局

Herring Bone
how to knit P.41

Contents

Cocoon

how to knit P.42

Dot

how to knit P.44

Twig

how to knit P.48

Zigzag

how to knit P.51

Forest

how to knit P.54

Spiral

how to knit P.58

Grid

how to knit P.60

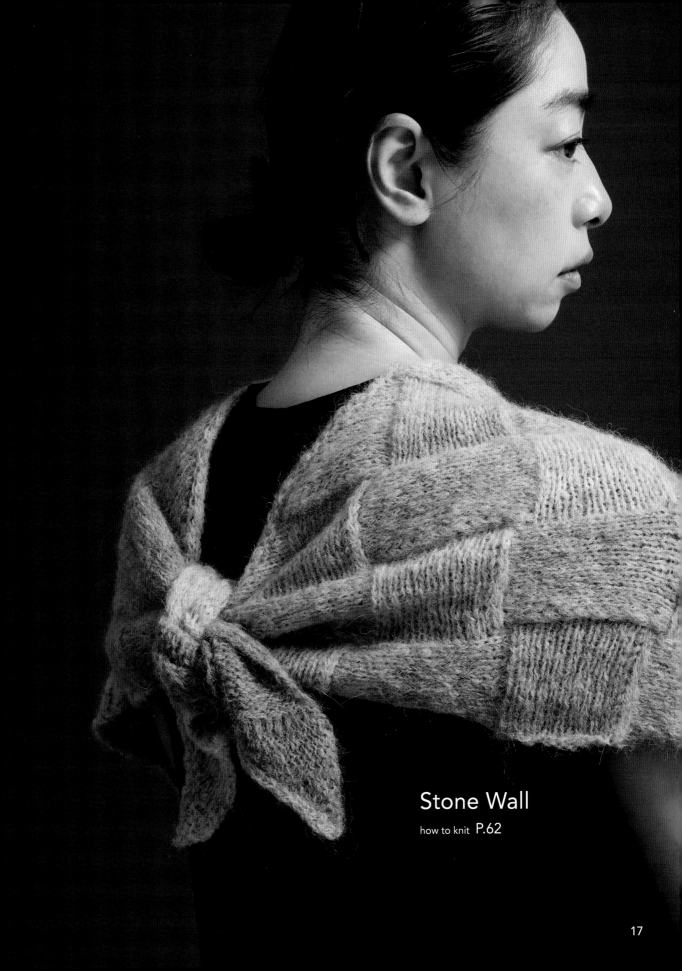

Stone Wall

how to knit P.62

Magic Flute

how to knit P.73

Swan

how to knit P.68

Butterfly

how to knit P.68

Cross

how to knit P.74

Rope

how to knit P.50

Peak

how to knit P.76

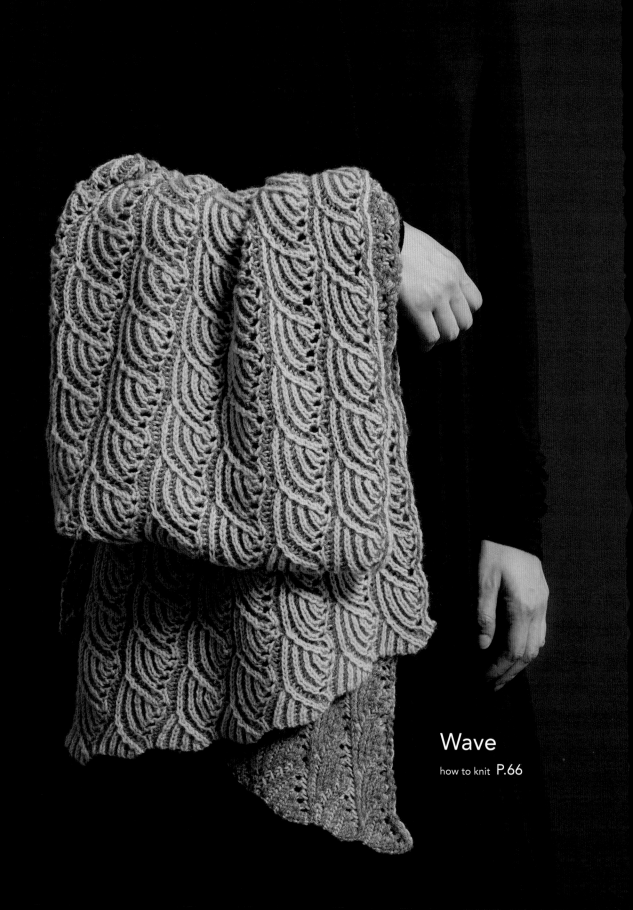

Wave

how to knit P.66

Thunder —

how to knit P.78

Kite

how to knit P.80

North Sea

how to knit P.82

リバーシブル編み

編み地の両面に同じ模様ができる編み方で、配色は表面と裏面で反転します。表面の目と裏面の目を同じ段で交互に編み進むので、針にかかる目数は倍になります。

※P.22・74のマフラーで解説します。
※ネイビーベースを表面、ライトグレーベースを裏面とします。
※ネイビーをA色、ライトグレーをB色とします。

1 すべりのよい糸で43目鎖編みをし、6号針、A色で鎖編みの裏山を拾う。裏に返してマーカーをつける。

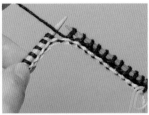

2 次の段は裏目を編む。

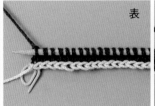

3 さらに次の段は表目を編む。

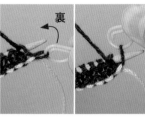

4 マーカーをつけた目を矢印のように針にかける。

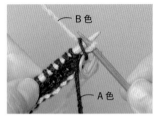

5 裏面を見て編む。4号針に替え、B色で目の向う側に針を入れて表目を編む。

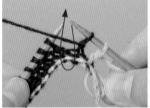

6 B色を手前に休め、2目めはA色で裏目を編む。3目めは右針で矢印のようにシンカーループをすくう。

7 A色を向う側に休め、すくった目を左針に移す。

8 移した目に右針を入れてB色で表目を編む。

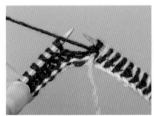

9 6〜8を繰り返して端まで編み、この段が2段めになる。針には86目（43目分）かかっている。ここまでを作り目とする。

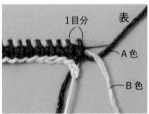

10 3段めは表面を見て編む。編始めではA色が後ろ、B色が手前になるように交差させる。

11 1目めはA色で表目を編み、2目めはB色で裏目を編む。

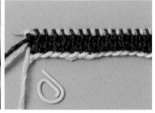

12 11を繰り返して端まで編み、マーカーをはずす。

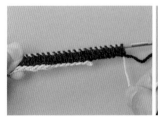

13 別糸で編んだ鎖編みをほどく。

14 4段めは裏面を見て編むので、B色で表目、A色で裏目を編む。同じ要領で、続けて7段めまで編んだところ。

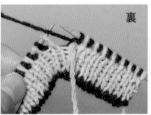

15 8段めは裏面を見て編む。模様の手前までB色で表目、A色で裏目を編む。

16 模様の1目めで色を反転させる。B色を向う側に休め、A色で表目を編む。

17 A色を手前に休め、B色で裏目を編む。

18 16、17をあと2回繰り返す。模様の3目分が編めた。

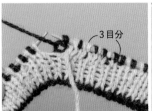

19 再び色を反転させ、B色で表目、A色で裏目を編む。休ませる糸の位置に注意する。

20 9段めは表面を見て編む。模様の手前までA色で表目、B色で裏目を編む。

21 模様の1目めで色を反転させる。A色を向う側に休め、B色で表目を編む。

22 B色を手前に休め、A色で裏目を編む。

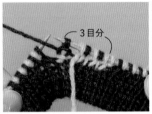

23 21、22をあと2回繰り返し、模様の3目分を編む。

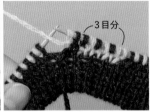

24 再び色を反転させ、A色で表目、B色で裏目を編む。

25 上：表面
下：裏面

26 481段まで編んだところ。

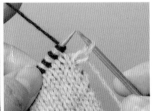

27 482段めは裏面を見て編む。B色を切り、すべり目をする。

28 A色の目は裏目を編む。同様にすべり目と裏目を端まで繰り返す。

29 483段めは表面を見て編む。A色の目は表目を編む。

30 B色の目はすべり目をする。同様に端まで繰り返す。編終りは1目ゴム編み止め（P.75参照）で止める。

表面

裏面

編み方レッスン

バスケット編み

ブロックを編みつないで、かごのような編み地を作ります。
次のブロックからは、巻き目の作り目で続けて編んだり、
隣のブロックから目を拾ったり、
糸を切らずにつなげながら編みます。

※ P.16・62 のショールで解説します。

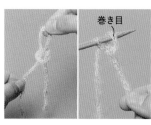

1 ①ブロックを編む。糸端は輪を作って針にかけ（1目め）、巻き目で11目作り目する。

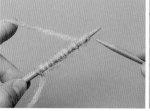

2 12目作り目ができた。

3 メリヤス編みで23段まで編み、①ブロックが編めた。

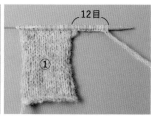

4 2列め。②ブロックは①ブロックから糸を続けて巻き目で12目作り目する。

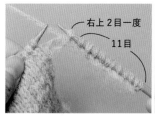

5 2段め（表）。11目表目を編み、最後の目は①ブロックの最終段と右上2目一度を編む。

6 3段め（裏）。編み地を裏に返し、1目めはすべり目をする。

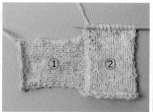

7 同様に、①と②の境目で2目一度、裏側は1目ですべり目をしながらメリヤス編みで24段まで編む。

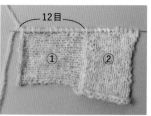

8 ③ブロックは①ブロックの端の目から1段おきに12目拾う。

9 メリヤス編みで23段まで編む。③ブロックが編めた。

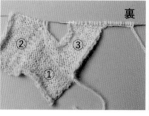

10 3列め。④ブロックは③ブロックから糸を続けて巻き目で12目作り目する。

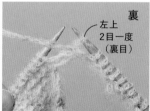

11 2段め（裏）は、11目裏目を編み、最後の目は③ブロックの最終段と左上2目一度（裏目）を編む。

12 表側は1目ですべり目をし、裏側は④と③の境目で2目一度をしながら24段まで編む。

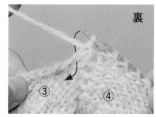

13 ⑤ブロックは裏を見ながら③ブロックの端の目に向う側から針を入れて拾う。

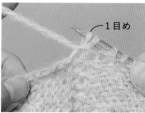

14 1目拾ったところ。

15 同様に1段おきに向う側から針を入れて12目拾う。

16 続けて②ブロックの最終段の1目めを裏目で編む。

36

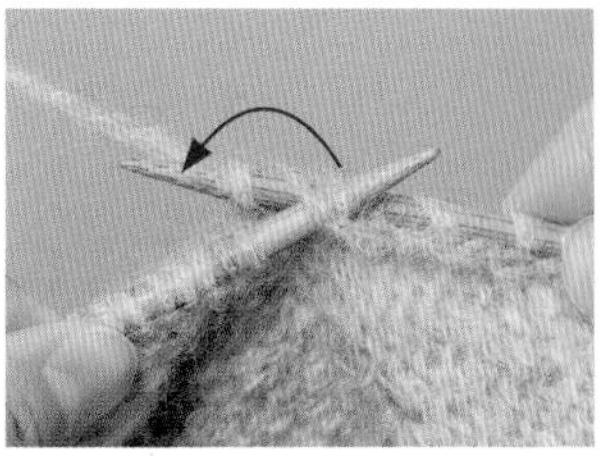

17 12目めを ***16*** の裏目にかぶせる。

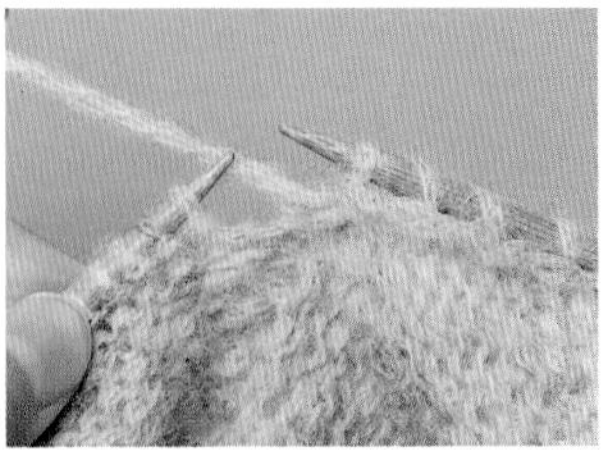

18 同様に、表側は1目めですべり目をし、裏側は⑤と②の境目で2目一度をしながら23段まで編む。

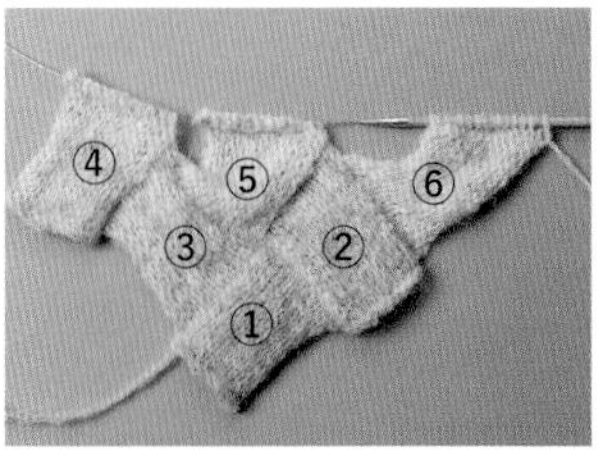

19 ⑥ブロックは ***13*** ～ ***15*** と同様に②から拾って編む。同じ要領で13列め（(91)ブロック）まで編み進む。

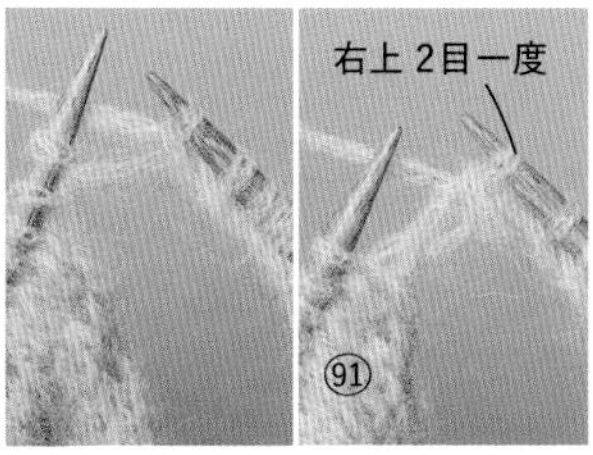

20 14列めは三角のブロックを編む。巻き目で12目作り目し、2段め(表)の1目めはすべり目をし、最後の目は(91)ブロックの最終段と右上2目一度を編む。

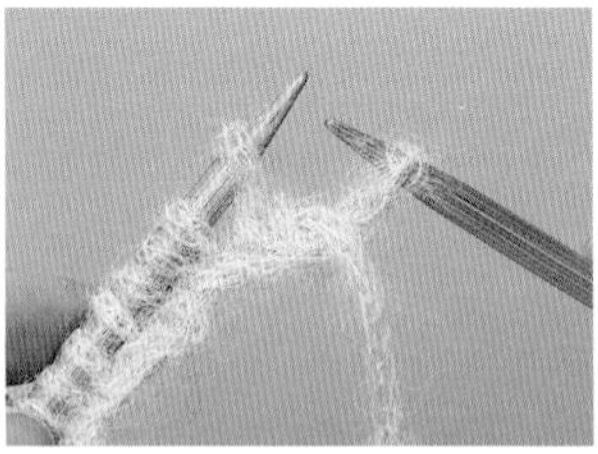

21 3段め（裏）の1目めはすべり目をし、裏目で端1目手前まで編み、表に返す。4段め(表)。糸を手前にする。

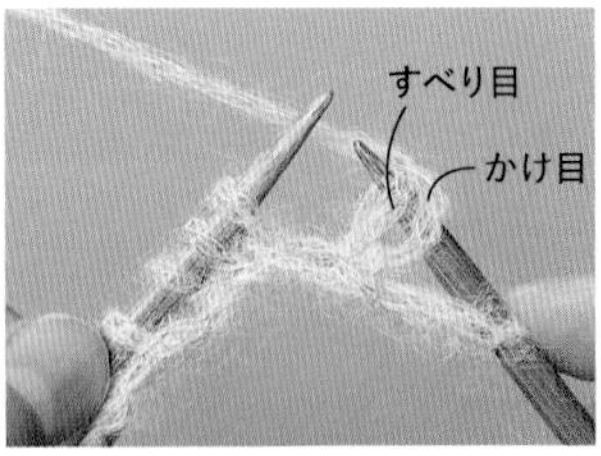

22 次の目をすべり目にし、針に糸をかける（ジャーマンショートロー P.88 参照）。

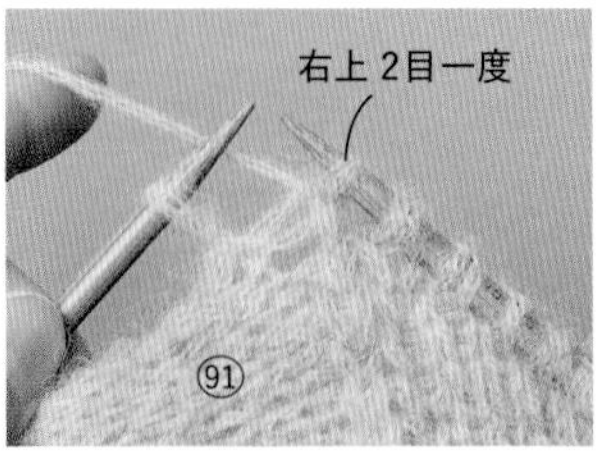

23 同様に端ではジャーマンショートローで引き返し、(91)との境目で2目一度とすべり目をしながら、編み進む。22段めで右上2目一度をしたところ。

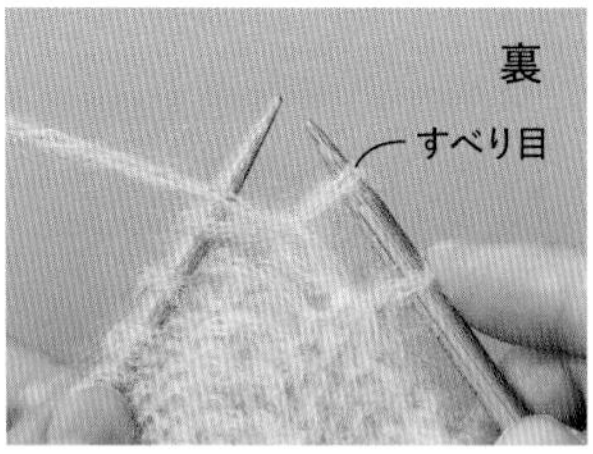

24 23段め（裏）。すべり目をする。

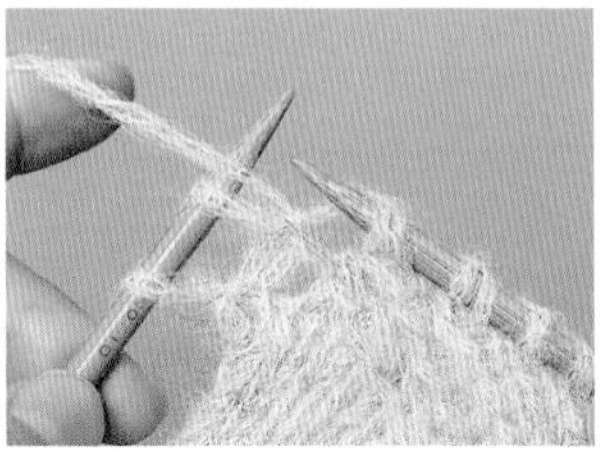

25 24段め（表）。糸を手前にし、針に糸をかける（ジャーマンショートロー）。

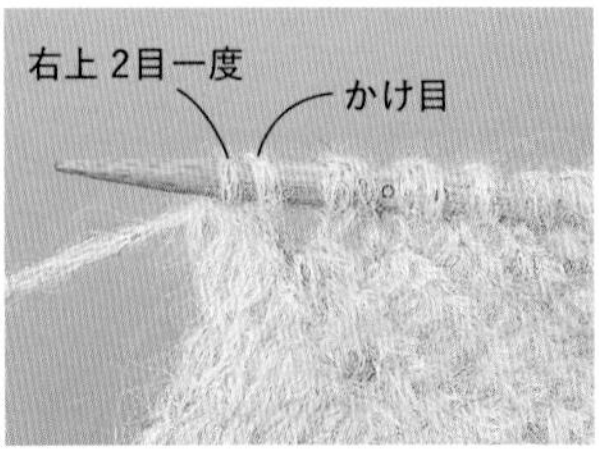

26 (91)ブロックと右上2目一度を編む。

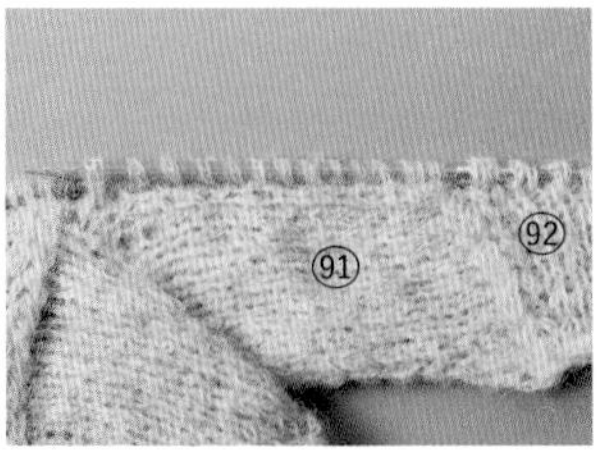

27 (93)ブロックの1段めは(91)ブロックの端の目から1段おきに12目拾う。

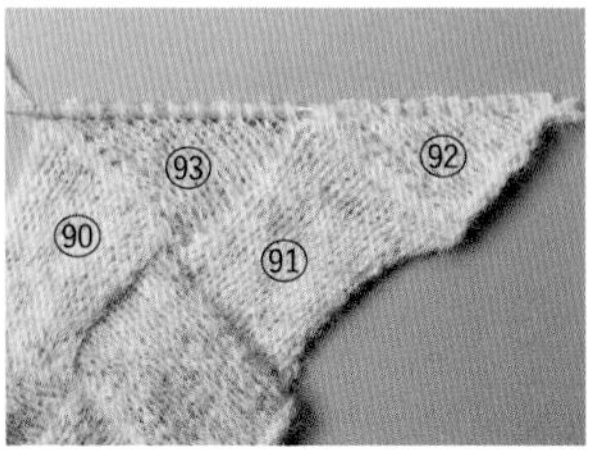

28 (93)ブロックは、同様に端では引き返し、(90)ブロックとつなぎながら編む。同じ要領で(105)ブロックまで編み進む。

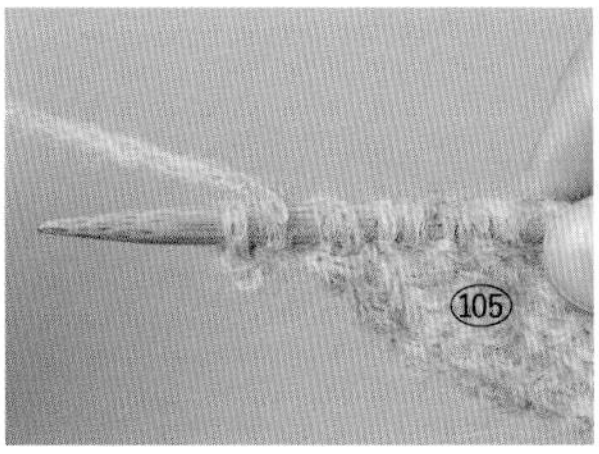

29 (105)ブロックの最後の目も同様に、糸を手前にし、針に糸をかけ、すべり目をする（ジャーマンショートロー）。

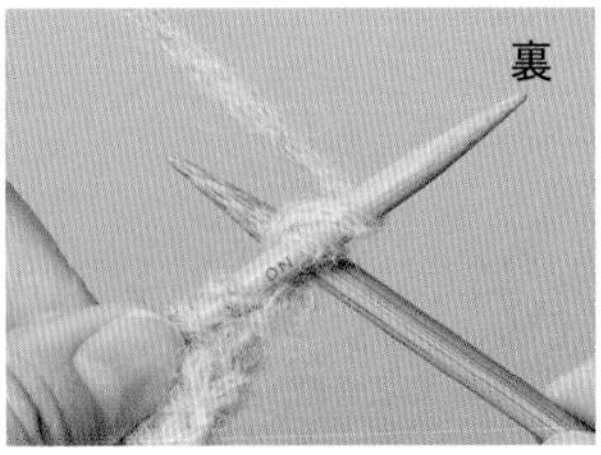

30 段消しは裏を見ながら、表目で1段編む。このとき、かけ目とすべり目のところは2目一度に編む。

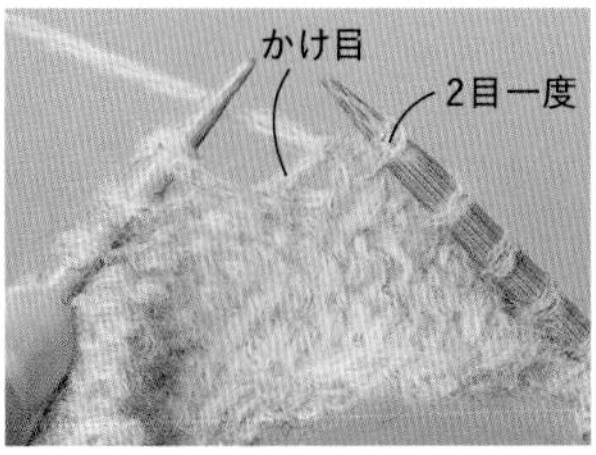

31 2目一度に編んだところ。

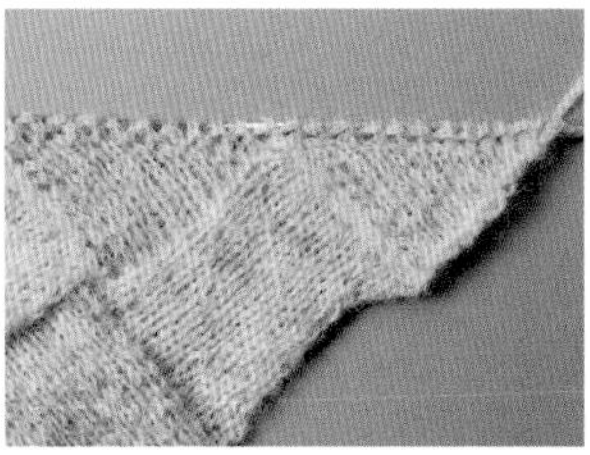

32 段消しが編めて表から見たところ。

2色のブリオッシュ編み

イギリスゴム編みの要領で、
両面で引き上げながら、
かけ目や増し目をして模様を作ります。
2段ごとに同じ方向に編みます。

※ P.6・48 のマフラーで解説します。
※ライトグレーを A 色、
　ターコイズブルーを B 色とします。

作り目

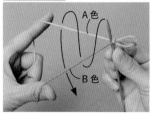

1 2本の糸をひと結びし、指に糸をかけて矢印のように A 色をすくう。

2 矢印のように B 色をすくう。

3 針に2目かかったところ。

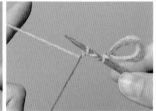

4 **1**、**2**を交互に繰り返す。

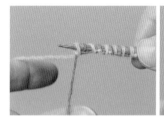

5 45目作る。

6 端の目は一度針からはずし、目が止まるように半回転してかけ直す。作り目が編めた。この作り目は段数に数えない。

イギリスゴム編み

1 A 色の1段め（裏）。B 色を手前に休め、A 色で裏目を編む。

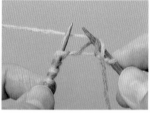

2 2目めはかけ目とすべり目をする。

3 3目めは裏目を編む。

4 **2**、**3**を繰り返し、端の目は裏目を編む。

5 B 色の1段め（裏）。針にかかっている目を右端に寄せる。

6 1目めはすべり目をする。

7 2目めはかけ目とすべり目に針を入れて表目を編む（表引き上げ編み）。

8 3目めはかけ目とすべり目をする。

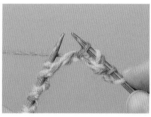

9 4目めは **7** と同様に表引き上げ編みを編む。

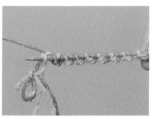

10 **8**、**9**を交互に繰り返す。端の目はすべり目をする。

11 A色の2段め（表）。編み地を表に返してB色を休め、A色で1目めは表目を編み、2目めはかけ目とすべり目をする。

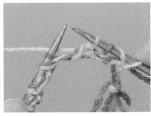

12 3目めは表引上げ編みを編む。

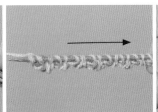

13 かけ目とすべり目、表引上げ編みを交互に繰り返し、端の目は表目を編む。針にかかっている目を右端に寄せる。

14 B色の2段め（表）。1目めはすべり目をし、2目めはかけ目とすべり目に針を入れて裏目を編む（裏引上げ編み）。

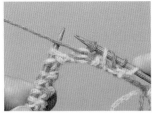

15 3目めはかけ目とすべり目、4目めは裏引上げ編みを編む。これを交互に繰り返す。

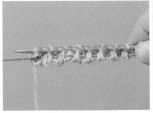

16 端の目はすべり目をする。

17 A色の3段め（裏）。編み地を裏に返し、B色を手前に休め、A色で裏目を編む。

18 かけ目とすべり目、裏引上げ編みを交互に繰り返す。

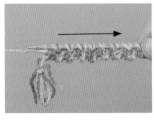

19 端の目を裏目で編み、針にかかっている目を右端に寄せる。

20 B色の3段め（裏）。1目めはすべり目、2目めは表引上げ編みを編む。

21 かけ目とすべり目、表引上げ編みを交互に繰り返す。

22 端の目はすべり目をする。*11*〜*22*を繰り返す。

左上3目一度 ✕

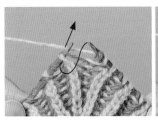

1 矢印のように針を入れ、編まずに右針に移す。

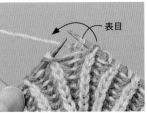

2 次の目を表目で編み、移した目をかぶせる。

3 かぶせたところ。

4 かぶせた目を左針に戻し、次の目（かけ目とすべり目）を戻した目にかぶせる。

編出し増し目

5 かぶせたところ。

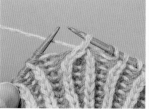

6 右針に目を移す。左上3目一度が編めた。

7 次の目はかけ目とすべり目をする。

表目

1 表目を1目編み、左針を抜かないでおく。

かけ目

2 左針に目をかけたまま、かけ目をする。

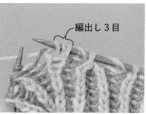

編出し3目

3 さらに同じ目に表目を編み、左針からはずす。編出し3目が編めた。

4 A色の模様編み1段め（表）が編めた。

5 B色で同じ段（表）を編むときは、1目めはかけ目とすべり目をする。

右上3目一度

6 2目めは裏目を編む。

7 3目めはかけ目とすべり目をする。

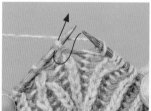

1 矢印のように針を入れ、編まずに右針に移す。

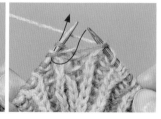

2 矢印のように針を入れ、表目の要領で編む。

3 移した目をかぶせる。

4 右上3目一度が編めた。

表側

裏側

Herring Bone

P.1

表面と裏面で模様の色が反転するリバーシブル編み。一見、普通のメリヤス編みの編込み模様ですが、裏面もメリヤス編みの模様になるので、マフラーやショールにぴったり。編み方は Cross と同じです。端で2色の糸を交差するのを忘れずに。

糸 ハマナカ ソノモノ ロイヤルアルパカ
オフホワイト(141)、
チャコールグレー(145)各50g

針 6号、8号輪針(80㎝)
※輪針で往復に編む
8/0号かぎ針

ゲージ リバーシブルの編込み模様
23目28段が10㎝四方

サイズ 幅13.5㎝、長さ120㎝

編み方 糸は1本どり、指定の色で、P.34 を参照して編みます。
8/0号針で別糸を使って鎖31目作り目し、チャコールグレー(8号針)で1段めを編みます。2段めからは6号針に替え、リバーシブルの編込み模様で表面、裏面を一緒に334段まで編みますが、両端で2色の糸を交差して編みます。335段めと336段めはチャコールグレーは表目、オフホワイトはすべり目で編み、編終りはチャコールグレーで1目ゴム編み止め(P.75参照)にします。

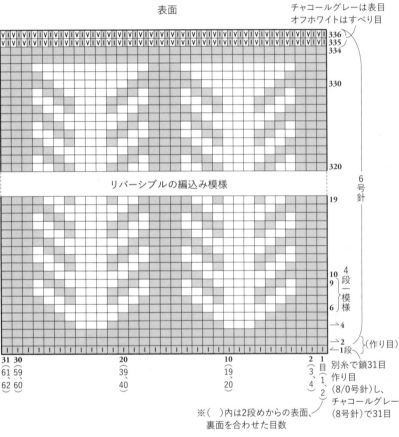

表面

チャコールグレーは表目
オフホワイトはすべり目

336
335
334
330
320

リバーシブルの編込み模様

19
10
9
6
→4
→2 (作り目)
←1段

6号針

4段一模様

※( )内は2段めからの表面、裏面を合わせた目数

31 30　　　　20　　　　10　　　　2 1 目
(61)(59)　　(39)　　　(19)　　(1)(2)
(62)(60)　　(40)　　　(20)　　(3)(4)

別糸で鎖31目
作り目
(8/0号針)し、
チャコールグレー
(8号針)で31目

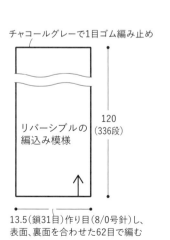

チャコールグレーで1目ゴム編み止め

リバーシブルの
編込み模様

120
(336段)

13.5(鎖31目)作り目(8/0号針)し、
表面、裏面を合わせた62目で編む

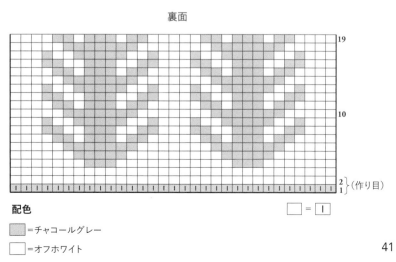

裏面

19
10
2 (作り目)
1

配色

□ = I

▨ =チャコールグレー
□ =オフホワイト

41

Cocoon

P.3

表目に囲まれた裏目のポコポコとした繭玉のような模様がコクーンの名の由来。裏メリヤス部分の増し目と減し目の繰返しででできる模様です。裏側の段で、目と目の間の渡り糸と中央の1目から4目増して、5目一度で1目に戻します。

糸　　リッチモア パーセント　からし色(14)420g

針　　4号、3号輪針(80㎝) ※輪針で往復に編む
　　　3/0号かぎ針

ゲージ　模様編み　34目36段が10㎝四方

サイズ　幅41㎝、長さ144㎝

編み方　糸は1本どり、指定の針で編みます。

3/0号針でかぎ針を使って目を作る方法で139目作り目し、3号針で1目ゴム編みを15段まで編み、16段めは裏を見ながら裏目で編みます。続けて4号針に替えて模様編み（139目の段と143目の段がある）で485段編み、再び3号針に替え、1段めは裏を見ながら裏目で編み、2段めからは1目ゴム編みを編みます。編終りは前段と同じ記号で伏止めにします。

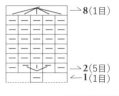

編み方

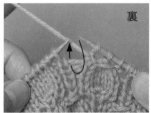

1 2段め（裏）。右針で矢印のように前段の渡り糸をすくって左針にかける。

2 針にかけた渡り糸を表目で編む。

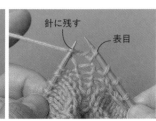

3 次の目は表目で編み、左針を抜かないでおく。

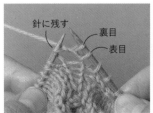

4 同じ目に向う側から針を入れて、裏目を編み、左針を抜かないでおく。

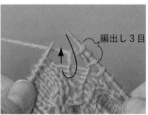

5 さらに同じ目に表目を編む。編出し3目が編めた。右針で矢印のように前段の渡り糸をすくって左針にかける。

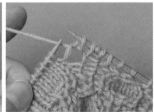

6 針にかけた渡り糸を表目で編む。渡り糸をすくって編んだ2目と編出し3目の2目で4目増えた。

7 8段め（裏）。矢印のように5目一度に針を入れる。

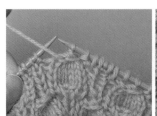

8 5目を一度に裏目で編む。4目減り、1段めの目数に戻った。

表側

裏側

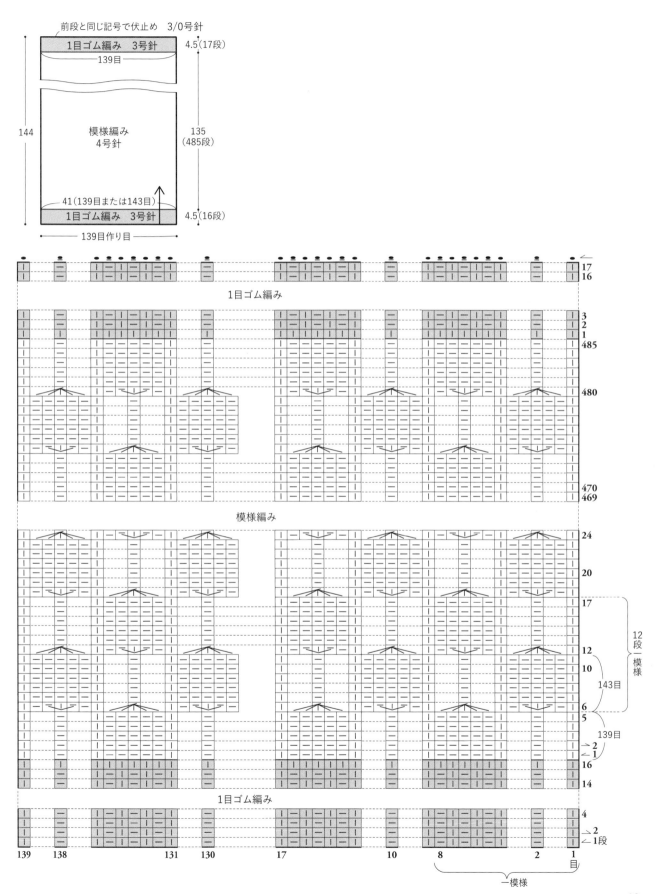

前段と同じ記号で伏止め　3/0号針

| 1目ゴム編み　3号針 | 4.5（17段） |

139目

模様編み
4号針

144　　　　135
（485段）

41（139目または143目）

| 1目ゴム編み　3号針 | 4.5（16段） |

139目作り目

1目ゴム編み

模様編み

1目ゴム編み

一模様

43

Dot

P.4

輪編みのリブからジャーマンショートロー
で三角の編み地を作りながら拾い、1列ご
とに向きを変えてバスケット編みに。規則
的な配置でブロックの色を替えました。編
終りも三角形の編み地からリブに。リブの
部分が袖口のようでかわいい。

糸 　リッチモア パーセント
　　　グリーン(32)205g
　　　オレンジ(118)35g

針 　4号輪針(80cm)　4/0号かぎ針

ゲージ 　バスケット編み
　　　1ブロックの対角線が3.6cm

サイズ 　幅14.5cm、長さ151cm

編み方 　糸は1本どり、指定以外はグリー
ンで編みます。
4/0号針でかぎ針を使って目を作る方法で
48目作り目して輪にし、4号針で2目ゴム
編み、メリヤス編みを編みます。バスケッ
ト編みはP.36を参照し、指定の色で1列
めから77列めまでを往復で輪につなぎな
がら編みます。グリーンで段消し1段を表
目で編み、続けてメリヤス編みと2目ゴム
編みを輪に編み、編終りは4/0号針で前段と
同じ記号で伏止めにします。

ブロックの目数と段数

[1列め]

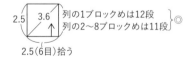

[2列めから76列め]

列の1ブロックめは12段
列の2〜8ブロックめは11段

[77列め]

※○囲みの数字はブロックを編む順番
※ ▨ はオレンジ、指定以外はグリーン

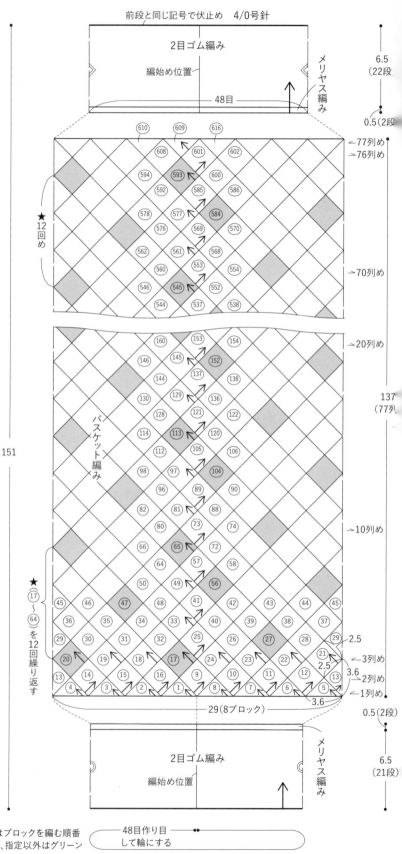

44

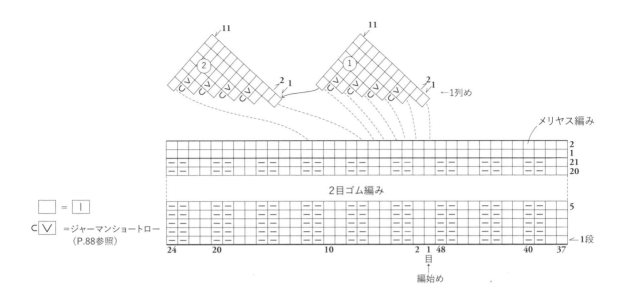

□ = | |

C⟨V⟩ =ジャーマンショートロー
（P.88参照）

2目ゴム編み

メリヤス編み

←1列め

編始め

目の拾い方

※ジャーマンショートローの要領でかけ目とすべり目をしながら目を拾います。
※わかりやすいように糸の色を替えています。

1 ①ブロック1段め（表）。メリヤス編みから続けて1目めを表目で編む。2段めは裏目を1目編む。

2 3段め（表）。表目を2目編む。1目めは前段から、もう1目はメリヤス編みを拾って編む。

裏

3 4段め（裏）。糸を手前にし、すべり目をする。

4 針に糸をかける。かけた目がゆるまないように引き締める。

かけ目

5 次の目は裏目を編む。

表

6 5段め（表）。1目めは表目を編む。

2目一度

7 2目めはかけ目とすべり目をした目を2目一度に表目で編む。

8 3目めはメリヤス編みを拾って表目を編む。

9 3〜8の要領で11段めまで編み、①ブロックが編めた。

10 続けて編み進む。

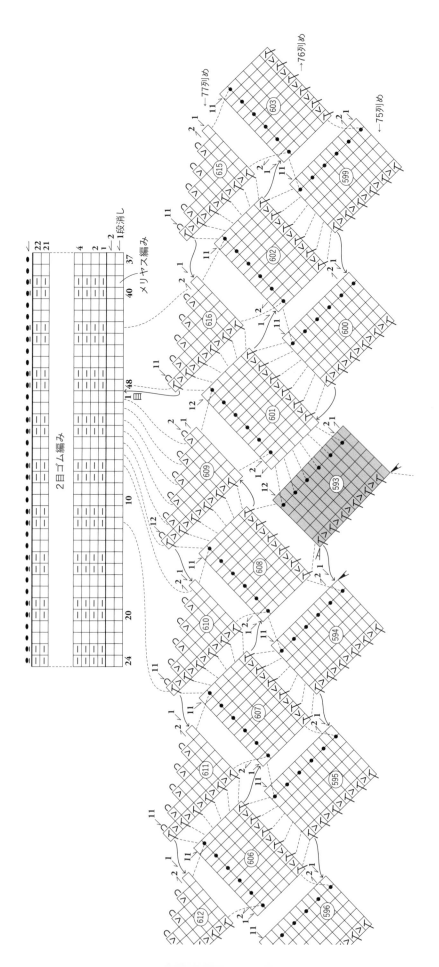

46

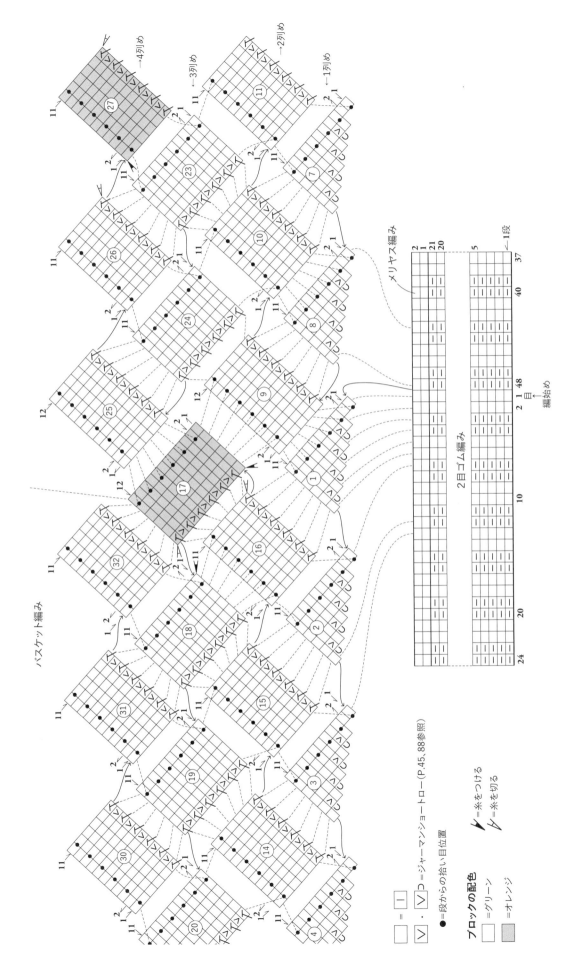

バスケット編み

メリヤス編み

ブロックの配色
□ =グリーン
▨ =オレンジ

□ = |
▣ = |
V □ =ジャーマンショートロー(P.45、88参照)

● =段からの拾い目位置

↗ =糸をつける
↘ =糸を切る

47

Twig

P.6

細いカシミヤの糸で、ブリオッシュステッチと呼ばれる2色の引上げゴム編みのマフラーを編みました。木枝に見えるすっきりとした模様は、1目から3目編み出して、右上と左上の3目一度を繰り返します。

糸 リッチモア カシミヤ
ライトグレー（106）65g
ターコイズブルー（124）60g
針 3号輪針（80cm）
※輪針で往復に編む
ゲージ イギリスゴム編み
24目24.5段が10cm四方
模様編み 24目22段が10cm四方
サイズ 幅19cm、長さ160.5cm
編み方 糸は1本どり、指定の色で、P.38を参照して編みます。
P.38の作り目を参照して45目作り目し、指定の色で2段ずつ編み方向を変えながらイギリスゴム編み、模様編みで編み、編終りはライトグレーで1目ゴム編み止めにします。

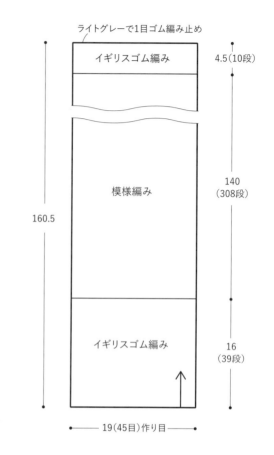

ライトグレーで1目ゴム編み止め

イギリスゴム編み 4.5（10段）

模様編み 140（308段）

160.5

イギリスゴム編み 16（39段）

19（45目）作り目

1目ゴム編み止め

1 ライトグレーを編み地の約3倍残して切り、とじ針に糸を通して1目めを向う側から手前にすくう。

2 2目めは手前から向う側に針を入れて糸を引く。

3 2目めをとばして、1目めを手前から、3目めのかけ目とすべり目を向う側から2本一緒にすくって糸を引く。

4 3目めをとばして、2目めを向う側から、4目めを手前から（裏目どうし）をすくって糸を引く。

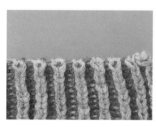

5 3、4を繰り返す。

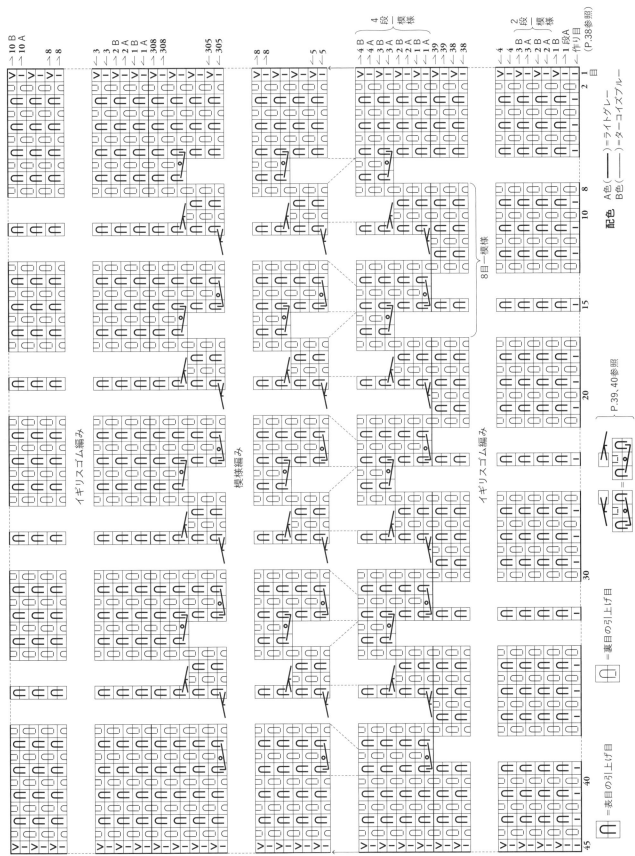

配色　A色（——）＝ライトグレー
　　　　B色（――）＝ターコイズブルー

模様編み

イギリスゴム編み

イギリスゴム編み

8目一模様

P.39、40参照

∩ ＝表目の引上げ目

∪ ＝裏目の引上げ目

49

Rope

P.23

軽くてふくらみのあるカシミヤの2色づ
かいのスヌードです。縄編み交差の左右で
減し目と増し目を繰り返すことで模様が斜
めに流れていきます。編始めと編終りはア
イコードです。

糸 リッチモア カシミヤグレイス
オフホワイト(1)135g
ブラック(6)75g

針 9号輪針(80cm)
8号2本短棒針
8/0号かぎ針

ゲージ 模様編み
21.5目25段が10cm四方

サイズ 幅31cm、周囲120cm

編み方 糸は1本どり、指定の色で編みま
す。
8/0号針で別糸を使って目を作る方法で
259目作り目し、9号針で模様編みを輪に
編み、編終りは休み目にします。8号針に
替え、巻き目で3目作り目してアイコード
(P.87参照)を編みながら休み目と右上2
目一度と右上3目一度でつなぎます。作り
目の別糸をほどいて目を拾い、同様に
アイコードを編みます。アイコード
の3目をメリヤスはぎにします。

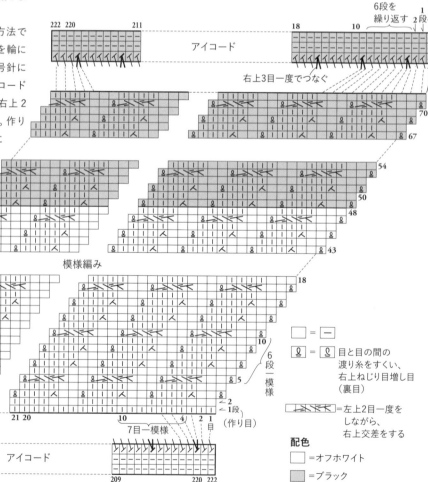

配色
□=オフホワイト
▨=ブラック

50

Zigzag

P.8

メリヤス編みの編み地がボーダーになる、グラデーションの糸で編みました。「編み進む」と「編み残す」のジャーマンショートローを繰り返してできる三角形の編み地です。間に入れたガーター編みが稲妻のようなアクセントに。

糸 リッチモア アンデネス
チャコールグレー系（2）270g

針 7号輪針（80cm）
※輪針で往復に編む
6/0号かぎ針

ゲージ メリヤス編み
20目28段が10cm四方

サイズ 幅56.5cm、長さ198.5cm

編み方 糸は1本どりで編みます。
指に糸をかけて目を作る方法で113目作り目し、ガーター編みとメリヤス編みA～Dでジャーマンショートロー（P.88参照）で引き返しながら編み、編終りは6/0号針で裏を見ながら表目で伏止めにします。

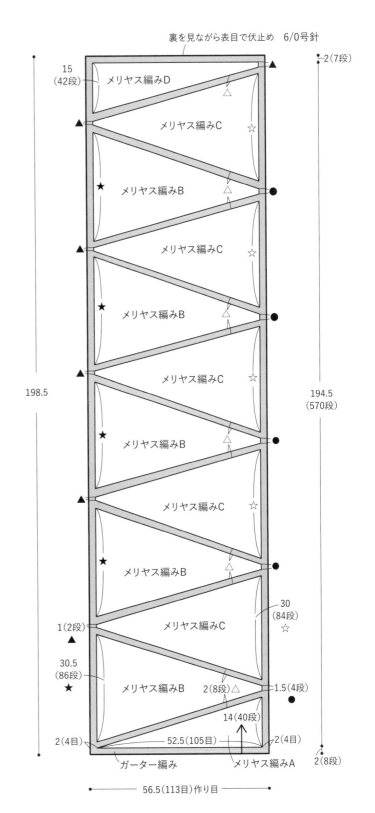

裏を見ながら表目で伏止め　6/0号針

15（42段）　メリヤス編みD　▲　△　2（7段）

▲　メリヤス編みC　☆

★　メリヤス編みB　△　●

メリヤス編みC　☆

▲

★　メリヤス編みB　△　●

▲　メリヤス編みC　☆

★　メリヤス編みB　△　●

▲　メリヤス編みC　☆

★　メリヤス編みB

198.5

194.5（570段）

30（84段）☆

1（2段）　▲　メリヤス編みC

30.5（86段）

★　メリヤス編みB　2（8段）△　1.5（4段）

14（40段）

2（4目）　52.5（105目）　2（4目）

ガーター編み　メリヤス編みA　2（8段）●

56.5（113目）作り目

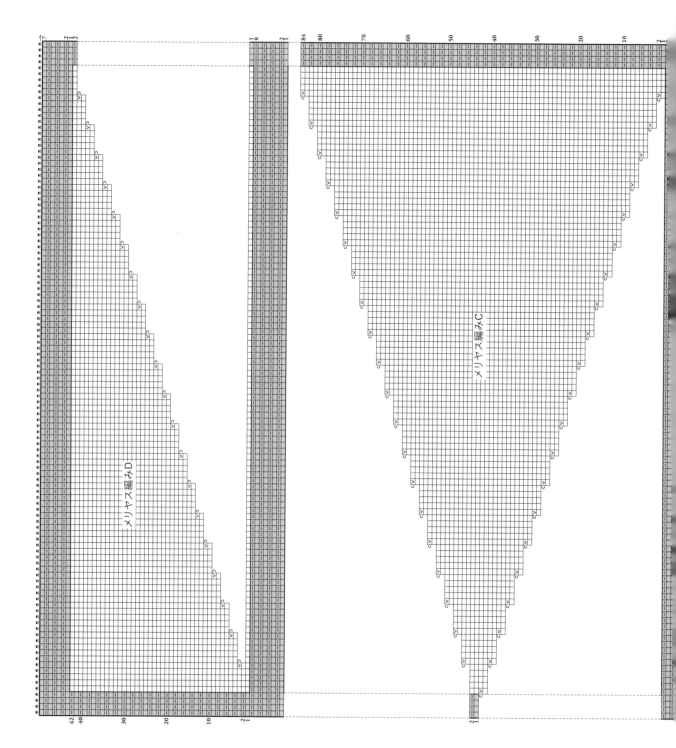

メリヤス編みD

メリヤス編みC

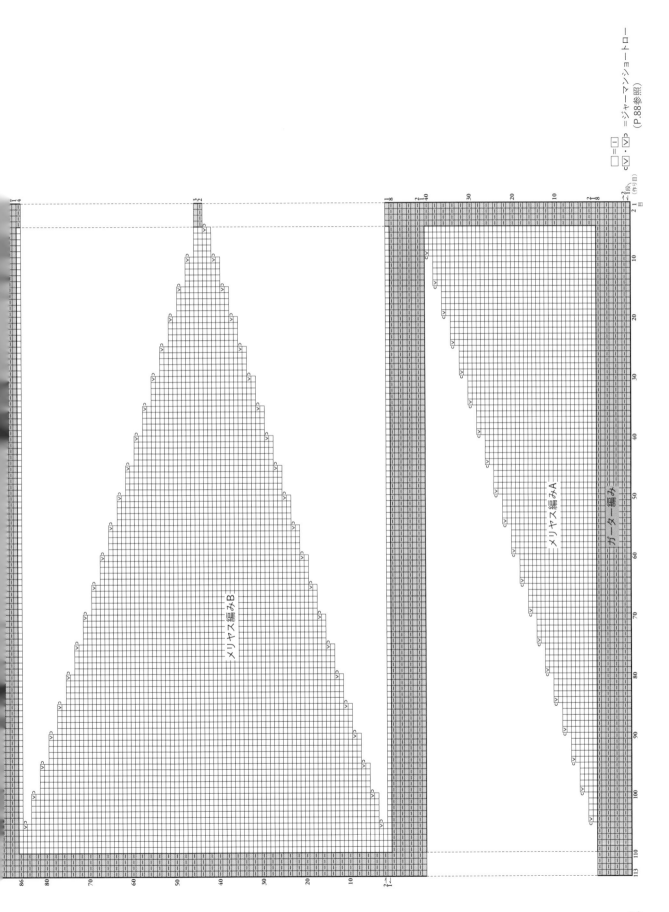

メリヤス編みB

メリヤス編みA

ガーター編み

□=□=□
c□=□=□・□=□ =ジャーマンショートロー
（P.88参照）

53

Forest

P.10

深い森の色の糸で、半円の中央から外側に
向かって、かけ目で増しながら広げます。
ねじり目の木の模様の外側に、野鳥の群れ
のような透し模様を配置しました。

糸 ハマナカ アメリー
オリーブグリーン(38)260g

針 6号輪針(80cm)
※輪針で往復に編む
5/0号かぎ針

ゲージ 模様編みA 20目が10cm
一模様(32段)が9cm

サイズ 図参照

編み方 糸は1本どりで編みます。
巻き目で3目作り目し、ガーター編みで6
段編みます。続けて3辺から13目拾い目
し、ガーター編み、模様編みA、Bで目を増
しながら189段編み、編終りは5/0号針
で裏を見ながら表目で伏止めにします。

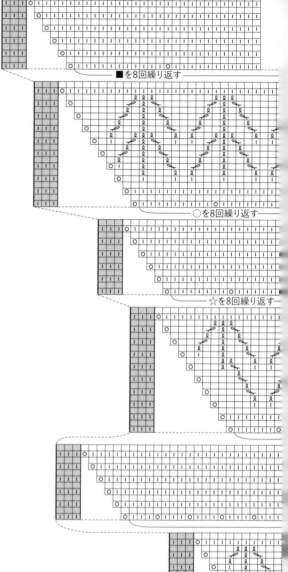

■を8回繰り返す

○を8回繰り返す

☆を8回繰り返す

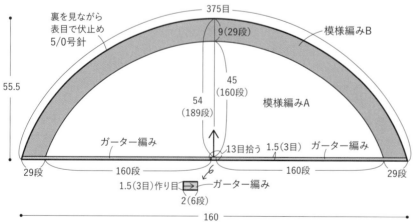

裏を見ながら
表目で伏止め
5/0号針

375目

9(29段)

模様編みB

45
(160段)

54
(189段)

模様編みA

55.5

ガーター編み

13目拾う 1.5(3目) ガーター編み

29段

160段

160段

29段

1.5(3目)作り目
2(6段)

ガーター編み

160

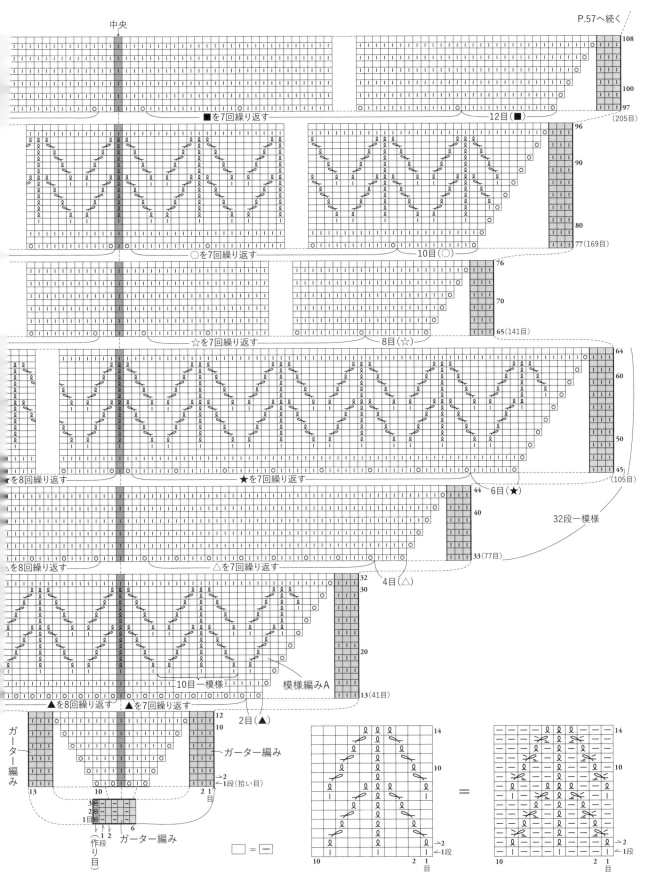

P.57へ続く

中央

■を7回繰り返す

12目(■)

(205目)

108

100

97

○を7回繰り返す

10目(○)

96

90

80

77(169目)

☆を7回繰り返す

8目(☆)

76

70

65(141目)

★を8回繰り返す

★を7回繰り返す

△を8回繰り返す

△を7回繰り返す

64

60

50

45
(105目)

32段一模様

6目(★)

4目(△)

44

40

33(77目)

32

30

20

10目一模様

模様編みA

13(41目)

▲を8回繰り返す

▲を7回繰り返す

2目(▲)

ガーター編み

ガーター編み

ガーター編み

12

10

←2
←1段(拾い目)

13

10

2 1
目

3
2
1

1 2
〈作段
目〉

1 2
6

ガーター編み

□ = □

14

10

→2
←1段

10

2 1
目

=

14

10

→2
←1段

10

2 1
目

55

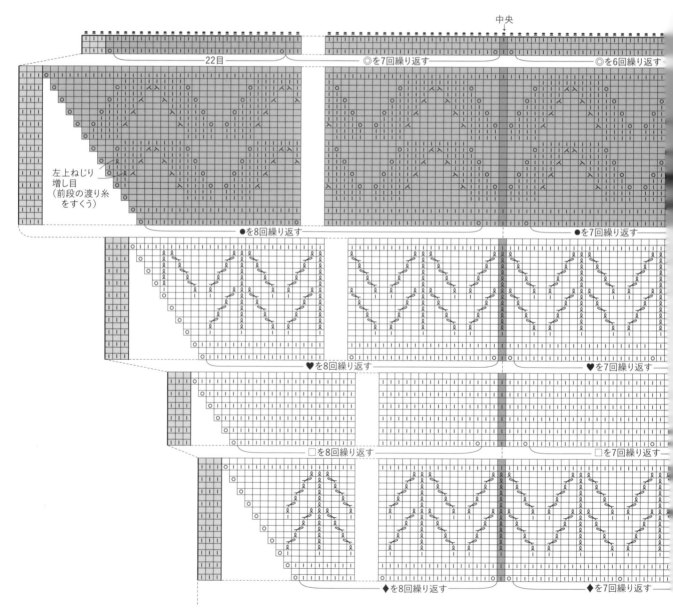

中央

22目

◎を7回繰り返す

◎を6回繰り返す

左上ねじり
増し目
（前段の渡り糸
をすくう）

●を8回繰り返す

●を7回繰り返す

♥を8回繰り返す

♥を7回繰り返す

□を8回繰り返す

□を7回繰り返す

◆を8回繰り返す

◆を7回繰り返す

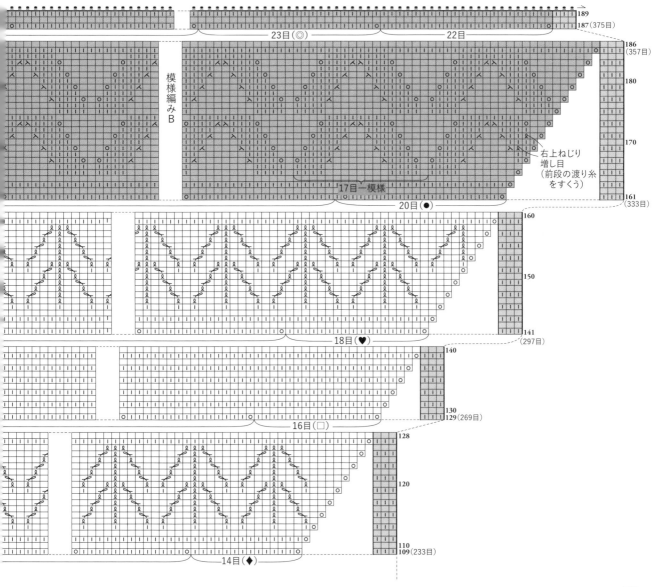

模様編みB

右上ねじり
増し目
(前段の渡り糸
をすくう)

189
187(375目)

23目(◎)

22目

186
(357目)

180

170

161
(333目)

17目一模様

20目(●)

160

150

141
(297目)

18目(♥)

140

130

129(269目)

16目(□)

128

120

110
109(233目)

14目(◆)

Spiral

P.12

ガーター編みをラップアンドターンで引き返して扇形のショールにしました。螺旋模様のような交差の1模様ずつに引返しを入れ、リズムよく編めます。長めのフリンジは巻いても肩にかけても動きが出てすてき。

糸　　ハマナカ ソノモノ アルパカウール《並太》　ベージュ(62)310g

針　　7号輪針(80cm)※輪針で往復に編む
　　　6/0号かぎ針

ゲージ　ガーター編み　19目38段が10cm四方
　　　模様編み　20目が8cm　38段が10cm

サイズ　図参照

編み方　糸は1本どりで編みます。

指に糸をかけて目を作る方法で58目作り目し、ガーター編み、模様編みでラップアンドターン(P.89参照)で引き返しながら編み、編終りは6/0号針で裏を見ながら表目で伏止めにします。フリンジをつけます。

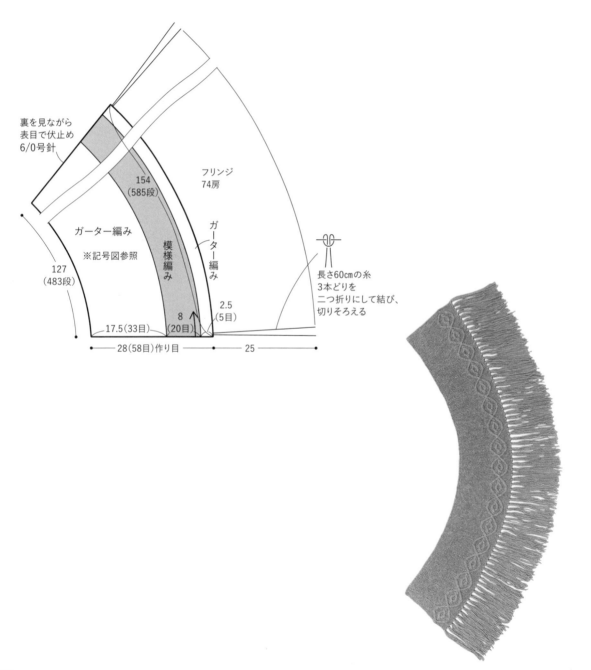

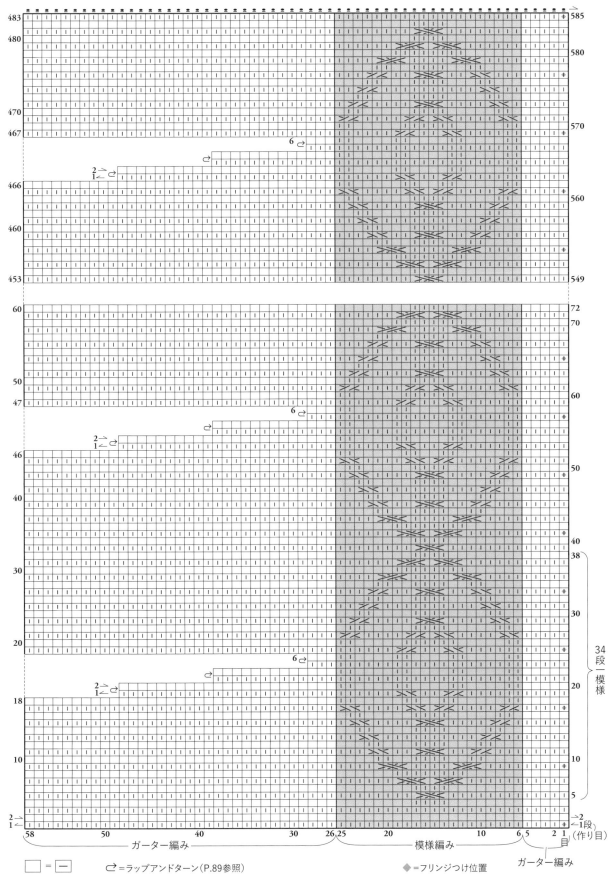

□ = ⊟   ⊂＝ラップアンドターン（P.89参照）   ◆=フリンジつけ位置

Grid

P.14

肌触りのよいモヘア2本どりで配色を分割しました。メリヤス編みの間にガーター編みのボーダーを入れてアクセントに。細くてすべりのよい糸なので、針から1本落として編まないように気をつけて編みましょう。

糸 リッチモア エクセレントモヘア〈カウント10〉
ネイビー(91)45g
茶色(27)、赤(28)各40g
ブルー(90)、からし色(94)各35g
グリーン(92)、
モスグリーン(77)各30g

針 5号輪針(80cm)
※輪針で往復に編む
4/0号かぎ針

ゲージ メリヤス編み
20目30段が10cm四方

サイズ 幅60cm、長さ192.5cm

編み方 糸は2本どり、指定の色で編みます。指に糸をかけて目を作る方法で122目作り目し、5号針でガーター編み、メリヤス編みで色を替えながら編みます。編終りは4/0号針で裏を見なら表目で伏止めにします。

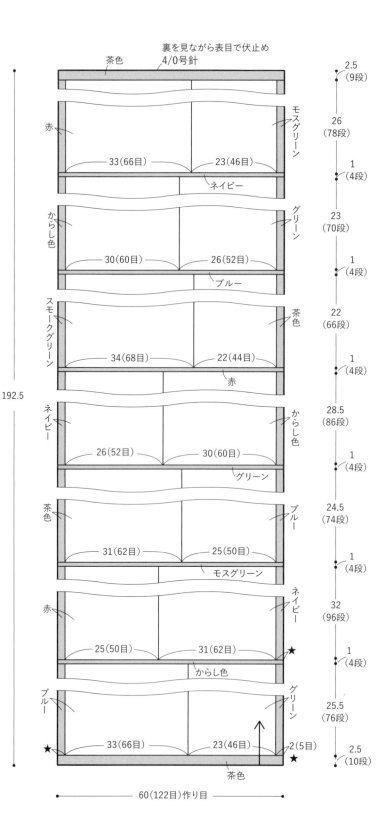

=ガーター編み

=メリヤス編み

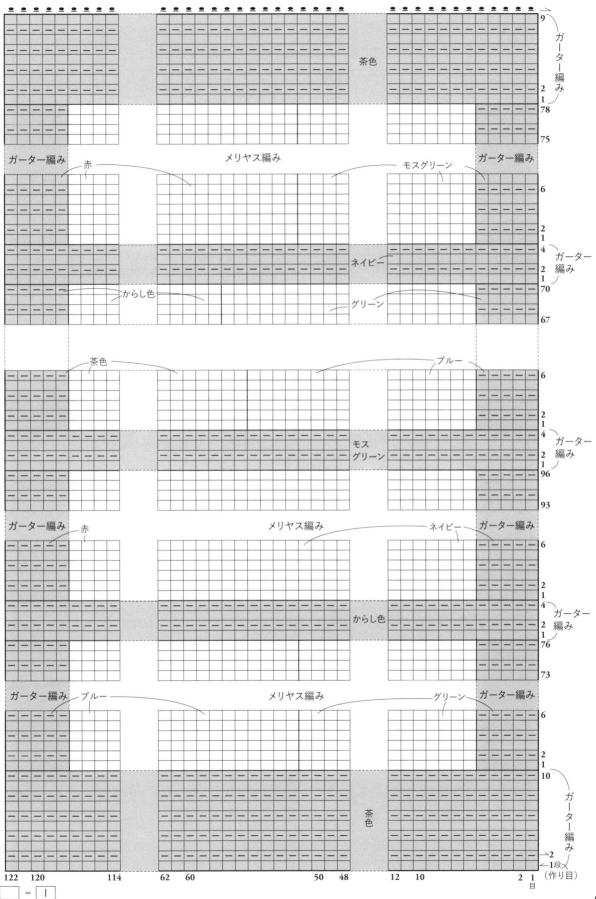

茶色

ガーター編み　　　メリヤス編み　　　　　　　　　　　ガーター編み

赤　　　　　　　　　　　　　　　　　モスグリーン

ネイビー

からし色　　　　　　　　　　グリーン

茶色　　　　　　　　　　　　　　　　ブルー

モスグリーン

ガーター編み　　　赤　　　メリヤス編み　　　　ネイビー　　ガーター編み

からし色

ガーター編み　　ブルー　　　　　　メリヤス編み　　　グリーン　ガーター編み

茶色

□ = |

Stone Wall

P.16

バスケット編みのブロックを列ごとに増やすことで三角の形になります。ロングピッチのグラデーションが効果的にあらわれる編み地です。最後の列で半分の三角形を編み、アイコードで編み終わります。

糸	リッチモア アルパカレジェーロ〈グラデーション〉 ベージュ系（109）130ｇ
針	10号輪針（80ｃｍ）※輪針で往復に編む 8号2本短棒針
ゲージ	バスケット編み　1ブロックが7ｃｍ角
サイズ	幅138.5ｃｍ、長さ70ｃｍ
編み方	糸は1本どり、指定の針で、P.36を参照して編みます。

10号針で巻き目で12目作り目し、バスケット編みで1列めから14列めまでを往復に編み、段消し1段を編みます。8号針に替え、巻き目で3目作り目してアイコード（P.87参照）を編みながら段消しの目と右上2目一度でつなぎます。編終りは伏止めにします。

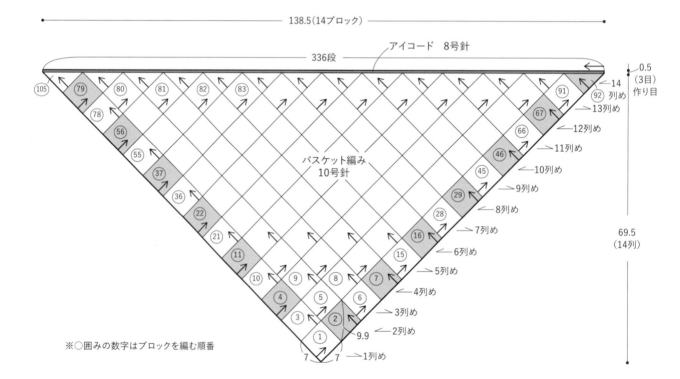

※○囲みの数字はブロックを編む順番

ブロックの目数と段数

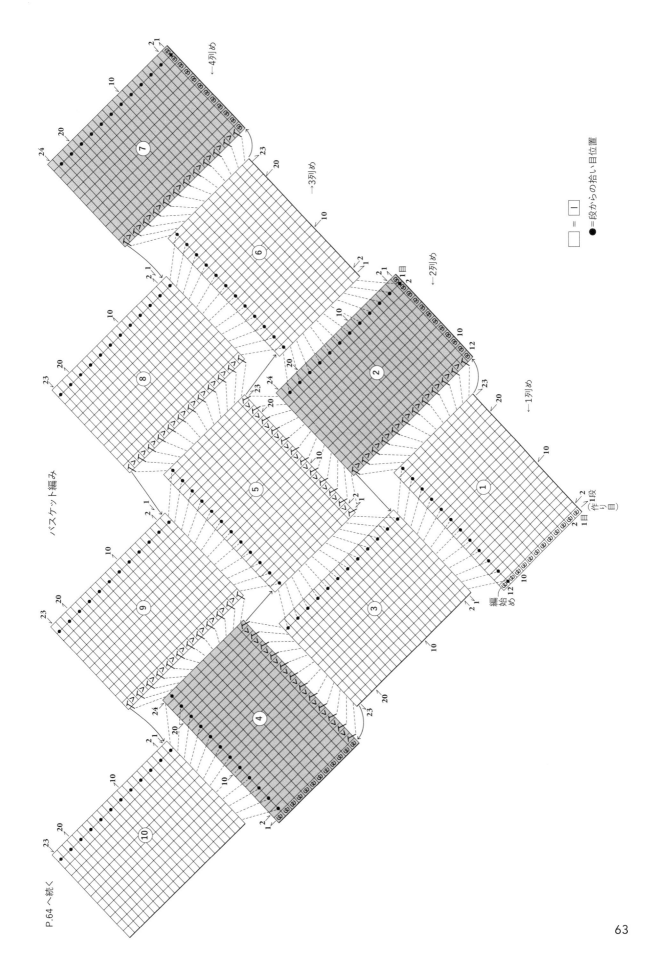

バスケット編み

P.64 へ続く

□ = □
● = 段からの拾い目位置

63

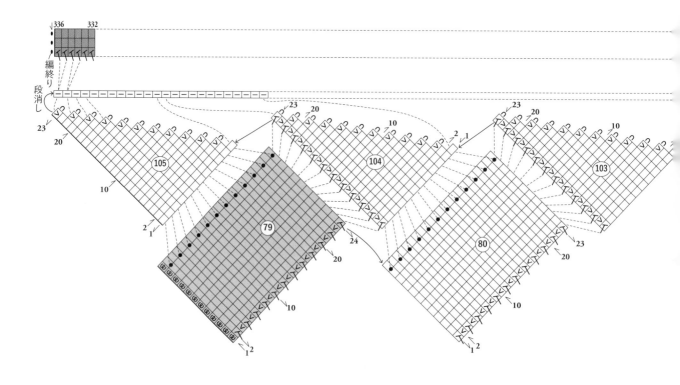

336 332

編終り
段消し

23
20

105

10

2
1

23
20

104

10

2
1

79

24

20

10

1 2

23
20

103

10

80

23
20

10

1 2

64

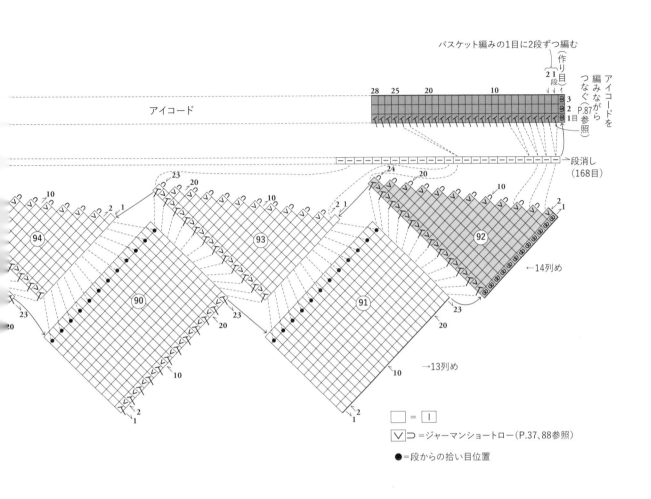

バスケット編みの1目に2段ずつ編む

（作り目）

2 1段

28 25 20 10

アイコード

アイコードを編みながらつなぐ（P.87参照）

3
2
1目

段消し（168目）

23 24 20

20 10

←14列め

94 90 93 91 92

23 23

20 20

10 →13列め

10

2 1

2 1

2

1

2 1

□ = |

∨⌐ = ジャーマンショートロー（P.37、88参照）

● = 段からの拾い目位置

Wave

P.26

P.6 の Twig と似た編み方ですが、編出し 3 目の次の段の編み方を変えると目が大きくなって穴あきになるブリオッシュレース編みになります。右上 3 目一度の繰返しで、編み地が斜行して波のように見えます。

糸　ハマナカ アメリーエフ《合太》　グレー（523）115 g
　　ピーチピンク（504）110 g
針　4 号輪針（80 cm）※輪針で往復に編む
ゲージ　模様編み　22.5 目 21 段が 10 cm 四方
サイズ　幅 35 cm、長さ 168 cm
編み方　糸は 1 本どり、指定の色で、P.38 を参照して編みます。
P.38 の作り目を参照して 87 目作り目し、指定の色で 2 段ずつ編み方向を変えながら模様編みで増減なく編み、編終りはピーチピンクで 1 目ゴム編み止めにします。

→ 5 A
← 4 B
← 4 A

編み方　※ピーチピンクを A 色、グレーを B 色とします。

1　A 色の 4 段め（表）まで編めたところ（編出し 3 目の編み方は P.40 参照）。

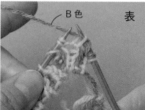

2　B 色の 4 段め（表）。編出し 3 目の手前まで編んだら、1 目めはかけ目とすべり目をする。

3　2 目めは A 色で編んだかけ目をほどく。

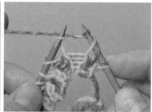

4　ほどいた目を裏目で編む。

5　3 目めはかけ目とすべり目をする。

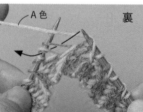

6　A 色の 5 段め（裏）。かけ目とすべり目に針を入れる。

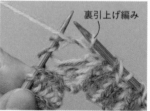

7　裏目で編む（裏引上げ編み）。

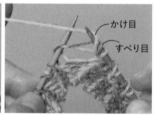

8　かけ目とすべり目をする。

9　7 と同様に編む。前段でかけ目をほどいたところに穴があく。

表側

裏側

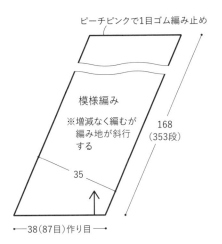

ピーチピンクで1目ゴム編み止め

模様編み

※増減なく編むが
編み地が斜行
する

35

168
(353段)

←38(87目)作り目→

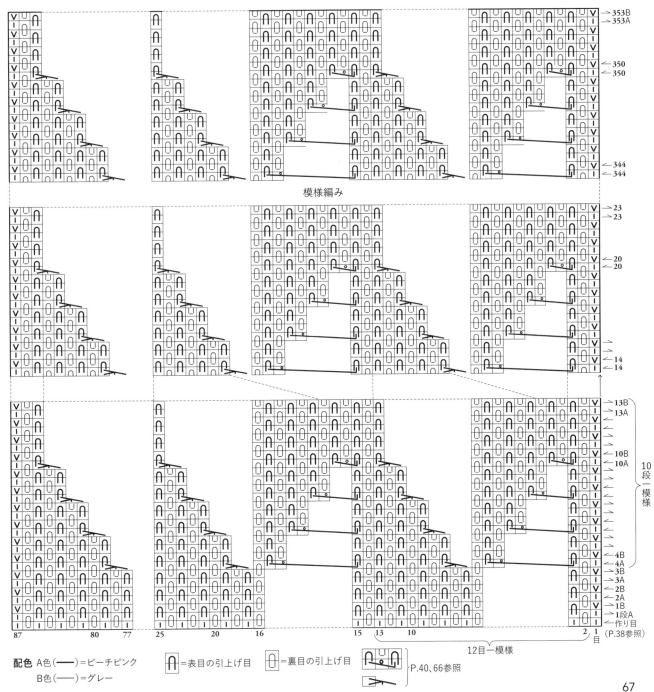

模様編み

→353B
→353A

←350
←350

←344
←344

→23
→23

←20
←20

←14
←14

→13B
→13A

→10B
→10A

←4B
←4A
→3B
→3A
→2B
→2A
→1B
←1段A
←作り目

10段一模様

87   80 77   25   20 16   15 13 10   2 1

12目一模様

1目
（P.38参照）

配色 A色（——）＝ピーチピンク
　　　B色（——）＝グレー

⋔＝表目の引上げ目　　⋔＝裏目の引上げ目　　P.40、66参照

67

Swan・Butterfly

P.20・21

半円の中心のテープから目を拾い、両端と放射状に規則正しく目を増やします。最終段から続けて作り目し、本体と2目一度でつなぎながら、引返し編みで縁のフリルを編みます。

糸　P.20　ハマナカ ソノモノ ロイヤルアルパカ
　　　　オフホワイト（141）220g
　　　　P.21　リッチモア エクセレントモヘア
　　　　〈カウント10〉　からし色（94）90g
　　　　モスグリーン（77）65g

針　P.20　6号輪針（80cm）※輪針で往復に編む
　　　　5/0号かぎ針
　　　　P.21　5号輪針（80cm）※輪針で往復に編む
　　　　4/0号かぎ針

ゲージ　P.20　模様編みA　21目36段が10cm四方
　　　　　P.21　模様編みA　19目32段が10cm四方

サイズ　図参照

編み方　糸はP.20は1本どり、P.21は2本どり、指定の色で編みます。
本体は巻き目で3目作り目し、ガーター編みを6段編みます。続けて3辺から9目拾い目し、ガーター編み、模様編みAで目を増しながら指定の段数を編み、休み目にします。フリルは本体から続けて16目作り目し、本体の休み目と右上2目一度でつなぎながら模様編みBで編み、編終りは指定のかぎ針で伏止めにします。

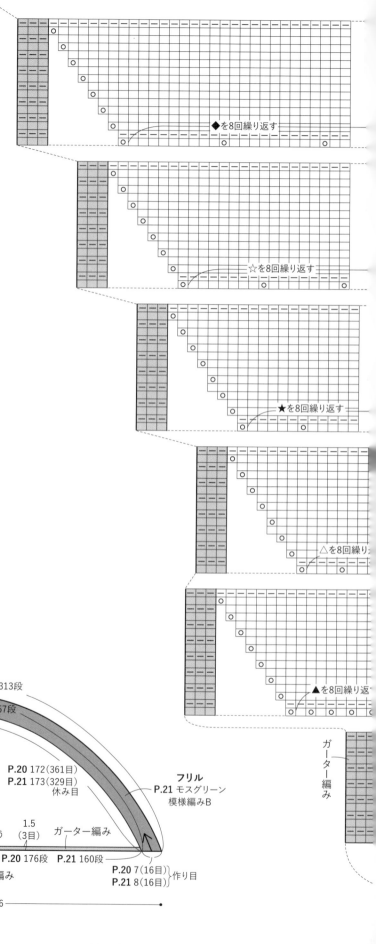

◆を8回繰り返す

☆を8回繰り返す

★を8回繰り返す

△を8回繰り返す

▲を8回繰り返す

ガーター編み

P.20 1441段　P.21 1313段

P.20 721段、P.21 657段

P.20 57.5
P.21 59.5

P.20 172（361目）
P.21 173（329目）
休み目

フリル
P.21 モスグリーン
模様編みB

本体
P.21 からし色
模様編みA
ガーター編み

P.20 49（176段）
P.21 50（160段）

9目拾う

1.5
（3目）

ガーター編み

P.20 176段　P.21 160段　　　　　P.20 176段　P.21 160段

表目で伏止め
P.20 5/0号針
P.21 4/0号針

1.5（3目）作り目
2（6段）

ガーター編み

P.20 7（16目）
P.21 8（16目）作り目

P.20 154　P.21 156

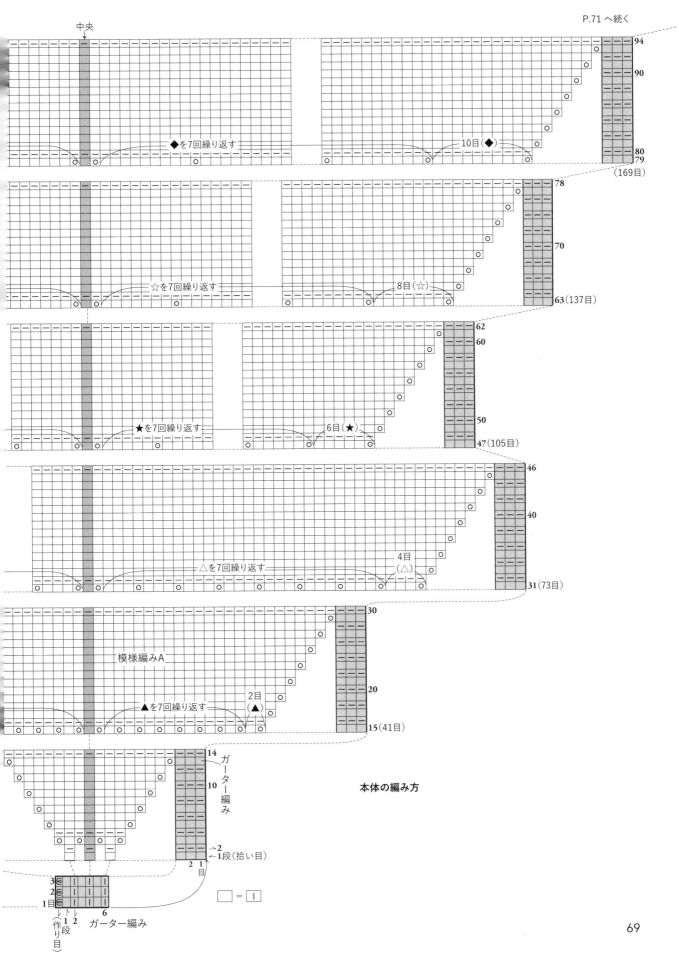

P.71 へ続く

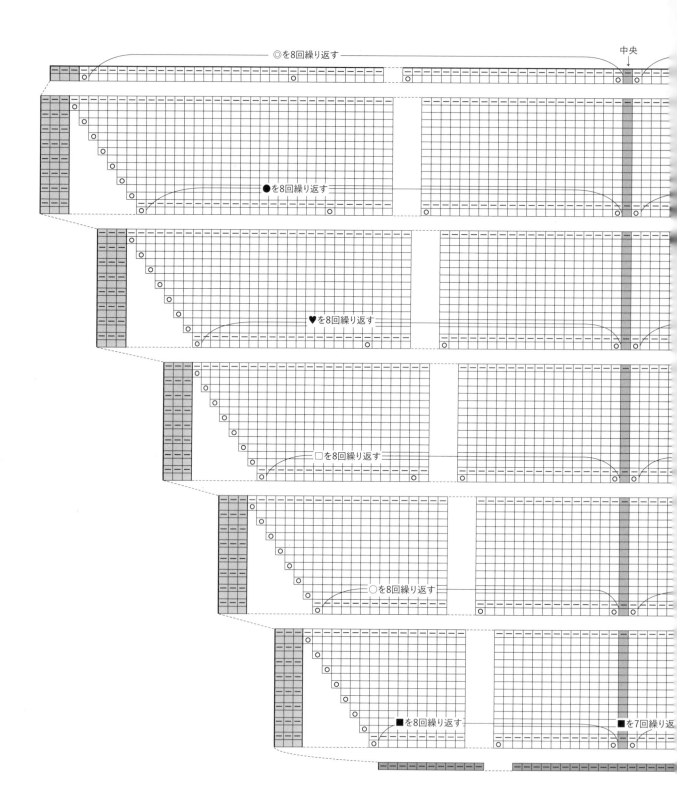

◎を8回繰り返す

中央

●を8回繰り返す

♥を8回繰り返す

□を8回繰り返す

○を8回繰り返す

■を8回繰り返す

■を7回繰り返す

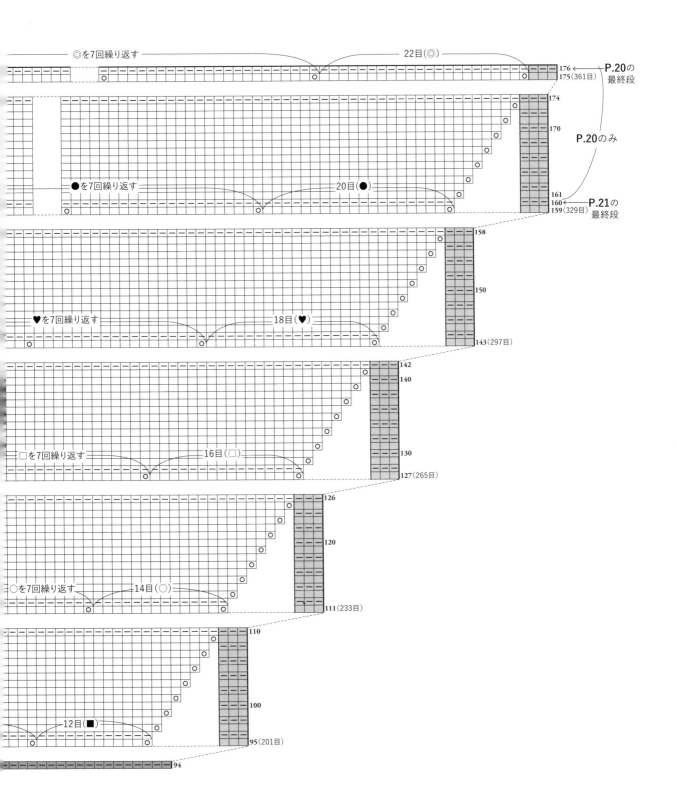

◎を7回繰り返す
22目(◎)
176 ← P.20の最終段
175(361目)
174
170
P.20のみ

●を7回繰り返す
20目(●)
161
160 ← P.21の最終段
159(329目)
158
150
♥を7回繰り返す
18目(♥)
143(297目)
142
140
130
□を7回繰り返す
16目(□)
127(265目)
126
120
○を7回繰り返す
14目(○)
111(233目)
110
100
12目(■)
95(201目)
94

71

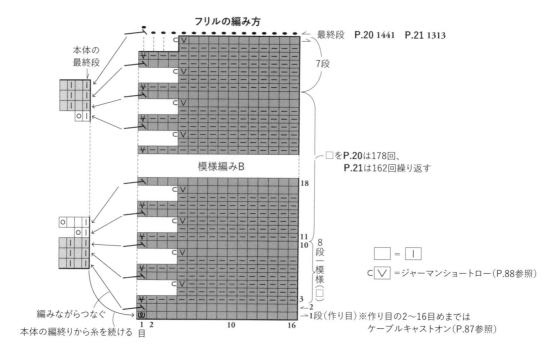

フリルの編み方

本体の
最終段

最終段　P.20 1441　P.21 1313

7段

模様編みB

□をP.20は178回、
P.21は162回繰り返す

18

11
10

8
段
一
模
様
（□）

3
→2
→1段（作り目）※作り目の2〜16目めまでは
　　　　　ケーブルキャストオン（P.87参照）。

編みながらつなぐ
本体の編終りから糸を続ける

1 2
目

10

16

□ ＝ I

C ∨ ＝ジャーマンショートロー（P.88参照）

フリルの編み方

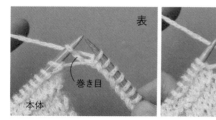

1 16目作り目をし、2段め
の最後は巻き目と本体の最
終段の目を右上2目一度に
編む。

2 右上2目一度でつながった。

3 3段め（裏）。1目め（浮き
目）はすべり目をする。

4 4段めは4目編み残して裏
に返し、5段めでかけ目と
すべり目をする（ジャーマ
ンショートローP.88参照）。

5 6段め（表）。前段のかけ目
とすべり目を2目一度に裏
目で編む。

6 2目一度に編めた。

7 フリルの端の目と本体の目
を右上2目一度に編む。

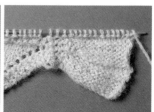

8 2模様編んだところ。

表側

Magic Flute

P.18

左側で4段ごとに目を増して半分で色を
替え、同じ側で同じ数だけ目を減らして細
長い三角形にしました。両端につけたタッ
セルが適度な重みで、身につけたとき、シ
ョールがきれいに下がります。

糸　　　リッチモア パーセント
　　　　ロイヤルブルー(43)、淡ベージュ(123) 各120g

針　　　4号輪針(80cm)※輪針で往復に編む

ゲージ　ガーター編み　23目42段が10cm四方

サイズ　図参照

編み方　糸は1本どり、指定の色で編みます。
ロイヤルブルーで糸端は輪を作って針にかけ(P.36 1 参照)1段めは3目編
み入れ、ガーター編みで目を増しながら370段編みます。続けて淡ベージュ
で目を減らしながら370段編み、3目一度をしてもう一度針に糸をかけて引
き抜きます。タッセルを作ってとめつけます。

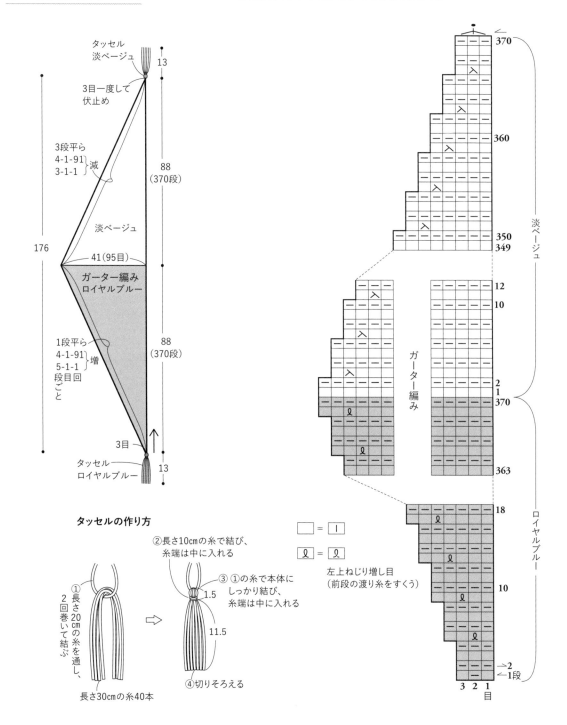

タッセルの作り方

① 長さ20cmの糸を通し、2回巻いて結ぶ
② 長さ10cmの糸で結び、糸端は中に入れる
③ ①の糸で本体にしっかり結び、糸端は中に入れる
④ 切りそろえる
長さ30cmの糸40本

1.5
11.5

□ = │
ℓ = ℓ
左上ねじり増し目
(前段の渡り糸をすくう)

Cross

P.22

カシミヤのネイビーとライトグレーで編んだリバーシブル編みのマフラー。編むときは2色で、表目、裏目でゴム編みに編むと、表面と裏面で色が反転してあらわれます。ゴム編みと同じ編み方なのにでき上がるとメリヤス編みになるから不思議です。

糸 リッチモア カシミヤ
ネイビー(118)、ライトグレー(106)各85g

針 4号、6号輪針(80cm)※輪針で往復に編む
6/0号かぎ針

ゲージ リバーシブルの編込み模様 23目30.5段が10cm四方

サイズ 幅18.5cm、長さ158cm

編み方 糸は1本どり、指定の色で、P.34を参照して編みます。

6/0号針で別糸を使って鎖43目作り目し、ネイビー(6号針)で1段めを編みます。2段めからは4号針に替え、リバーシブルの編込み模様で表面、裏面を一緒に481段まで編みますが、両端で2色の糸を交差して編みます。482段と483段めはネイビーは表目、ライトグレーはすべり目で編み、編終りはネイビーで1目ゴム編み止めにします。

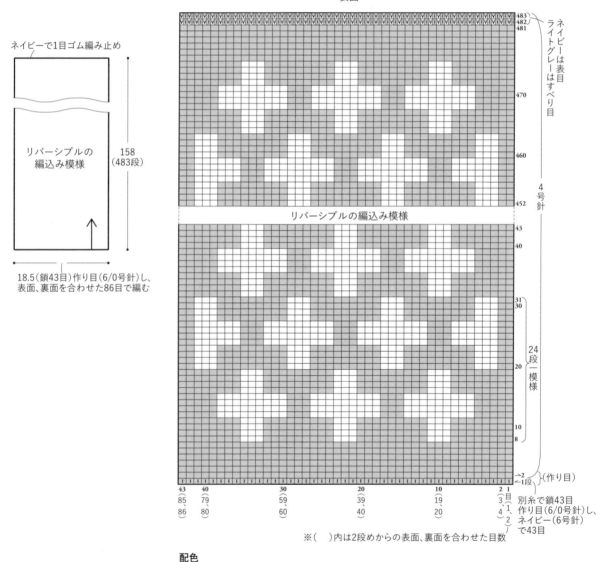

表面

ネイビーで1目ゴム編み止め

リバーシブルの
編込み模様

158
(483段)

18.5(鎖43目)作り目(6/0号針)し、
表面、裏面を合わせた86目で編む

リバーシブルの編込み模様

ネイビーは表目
ライトグレーはすべり目

4号針

24段一模様

※( )内は2段めからの表面、裏面を合わせた目数

別糸で鎖43目
作り目(6/0号針)し、
ネイビー(6号針)
で43目

配色
■=ネイビー □=ライトグレー □=Ⅰ

裏面

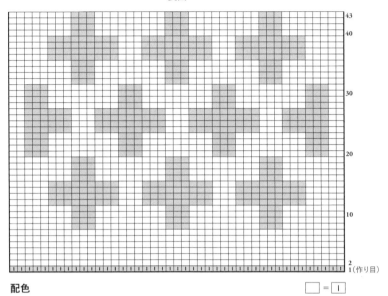

配色

 =ネイビー　□=ライトグレー　　　　　　　□ = I

1目ゴム編み止め

1 ネイビーを編み地の約3倍残して切り、とじ針に糸を通して1目めを向う側から手前にすくう。

2 2目めは手前から向う側に針を入れて糸を引く。

3 2目めをとばして、1目めを手前から、3目めを向う側からすくって糸を引く。

4 3目めをとばして、2目めを向う側から、4目めを手前からすくって糸を引く。

5 **3**、**4**を繰り返し、表目と表目、裏目と裏目をすくって止める。

6 1目ゴム編み止めができた。両面から目立たないように糸始末をする。

75

Peak

P.24

中上3目一度の減し目と増し目を繰り返して、10段ごとに位置を互い違いにするだけで、山のような模様ができます。かんたんな模様の繰返しなので、根気よく編んでください。

糸　　ハマナカ ソノモノ《合太》 オフホワイト（1）400g
針　　4号輪針（80㎝）※輪針で往復に編む
　　　3/0号かぎ針
ゲージ　模様編み 29目40段が10㎝四方
サイズ　幅40㎝、長さ151㎝
編み方　糸は1本どりで編みます。
3/0号針でかぎ針を使って目を作る方法で117目作り目し、4号針で模様編みを605段編み、編終りは3/0号針で裏を見ながら表目で伏止めにします。

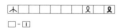

編み方

1 前段の渡り糸をすくって左針にかける。矢印のように針を入れる。

2 表目の要領で編む。左上ねじり増し目ができた。

3 表目1目を編み、前段の渡り糸をすくって左針にかける。矢印のように針を入れる。

4 表目の要領で編む。右上ねじり増し目ができた。

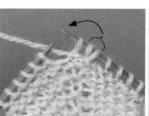

5 6目表目を編み、次の2目は編まずに右針に移し、3目めを表目で編んで、移した2目をかぶせる。

6 中上3目一度（P.92参照）が編めた。

7 続けて編み図のとおりに編み進む。

表側

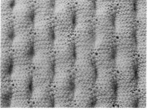

裏側

裏を見ながら表目で伏止め　3/0号針

模様編み

151
(605段)

←—40（117目）作り目—→

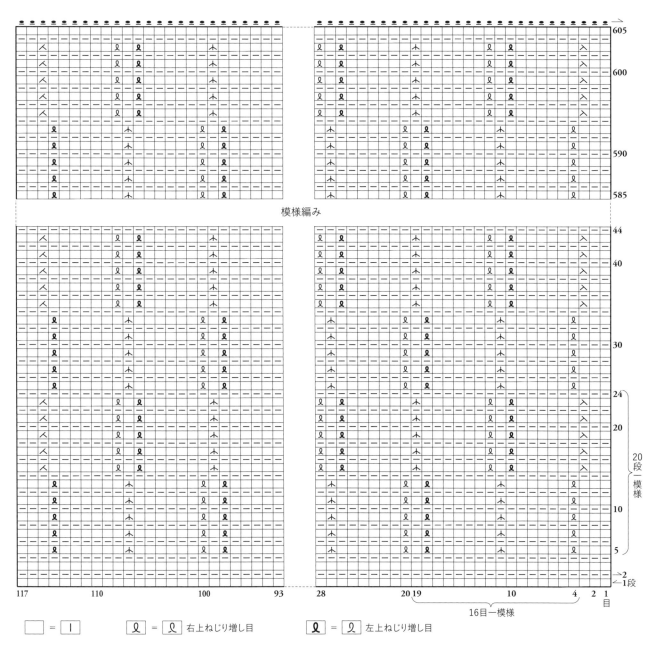

模様編み

16目一模様

20段一模様

□ = | | 　　　　Ⅹ = Ⅹ 右上ねじり増し目　　　　Ⅹ = Ⅹ 左上ねじり増し目

Thunder

P.28

アシメトリーな三角形のショールです。作り目からガーター編みで、表側の段の編終りで2段ごとに2目増し、編始め側で6段ごとに2目伏せ目で減らします。黒と赤の色の切替えがダイナミックで着こなしのアクセントになります。

糸　ハマナカ アメリーエフ《合太》
　　ブラック(524)150g　クリムゾンレッド(508)100g
針　3号輪針(80cm)※輪針で往復に編む
　　3/0号かぎ針
ゲージ　ガーター編み　24目48段が10cm四方
サイズ　図参照
編み方　糸は1本どり、指定の色で編みます。
指に糸をかけて目を作る方法で5目作り目し、ガーター編みで目を増減しながら461段編み、編終りは3/0号針で裏を見ながら表目で伏止めにします。

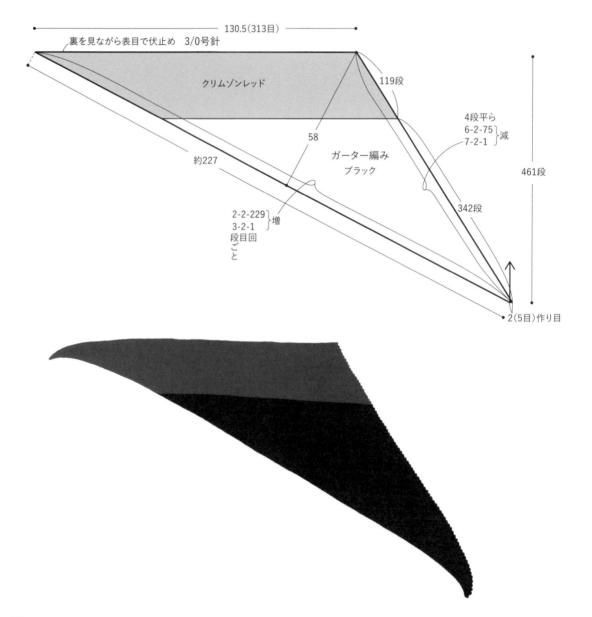

130.5(313目)

裏を見ながら表目で伏止め　3/0号針

クリムゾンレッド

119段

4段平ら
6-2-75
7-2-1 }減

461段

58

ガーター編み
ブラック

約227

342段

2-2-229
3-2-1
段目回
ごと }増

2(5目)作り目

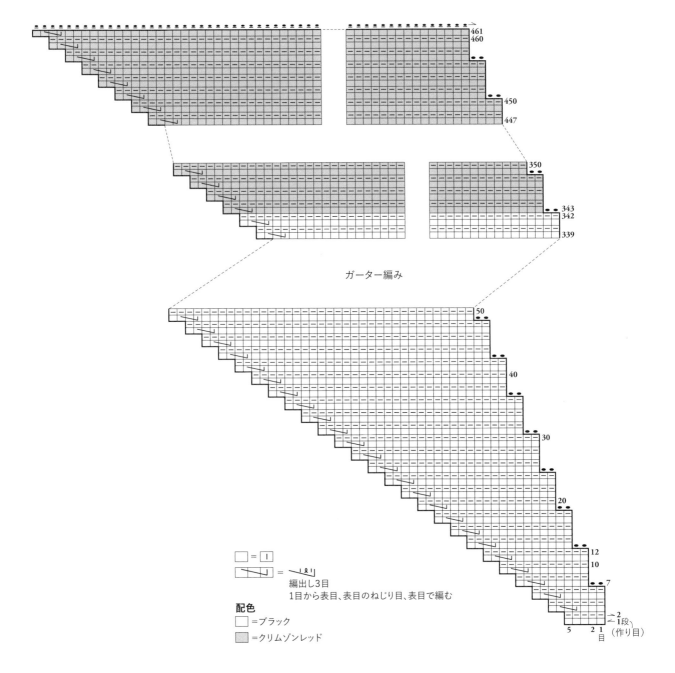

ガーター編み

461
460
450
447
350
343
342
339

50
40
30
20
12
10
7

□ = |
⟋ = ↘ Ω ⎪⎮
編出し3目
1目から表目、表目のねじり目、表目で編む

配色
□ =ブラック
▨ =クリムゾンレッド

2
1段
(作り目)
5   2 1
目   目

Kite

P.30

フリルの作り目は、目数が多いのでケーブルキャストオンという作り目に。フリルから続けて両端と中央の3か所で減らして三角形にしました。素材は軽くて肌触りのいいカシミヤです。

糸　　リッチモア カシミヤ　グレー(105)260g

針　　4号輪針(80cm)※輪針で往復に編む

ゲージ　模様編みB　24.5目35段が10cm四方

サイズ　図参照

編み方　糸は1本どりで編みます。

フリルはケーブルキャストオン(P.87参照)で1407目作り目し、全体で目を減らしながら模様編みAで21段編みます。本体はフリルから続けてガーター編み、模様編みBで目を減らしながら234段編み、残った7目をメリヤスはぎにします。

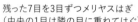

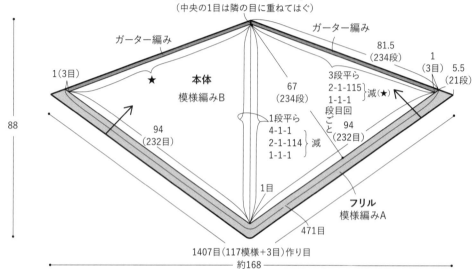

残った7目を3目ずつメリヤスはぎ
(中央の1目は隣の目に重ねてはぐ)

ガーター編み

ガーター編み

1(3目)

88

本体
模様編みB

★

81.5
(234段)

1
(3目)

5.5
(21段)

3段平ら
2-1-115 }減(★)
1-1-1
段目回
ごと

67
(234段)

94
(232目)

1段平ら
4-1-1
2-1-114 }減
1-1-1

94
(232目)

1目

フリル
模様編みA

471目

1407目(117模様+3目)作り目

約168

フリルの編み方

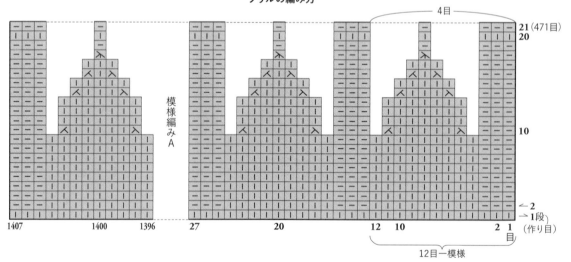

4目

21(471目)
20

模様編みA

10

← 2
→ 1段
(作り目)

1407　　1400　　1396　　27　　20　　12 10　　2 1目

12目一模様

Ⅰ	O	⅃

※編み地は作品と
異なります

1

右の針で矢印のように目をすくい、右端の2目にかぶせます

2

かぶせたところ

3

表目、かけ目、表目の順に編みます

本体の編み方

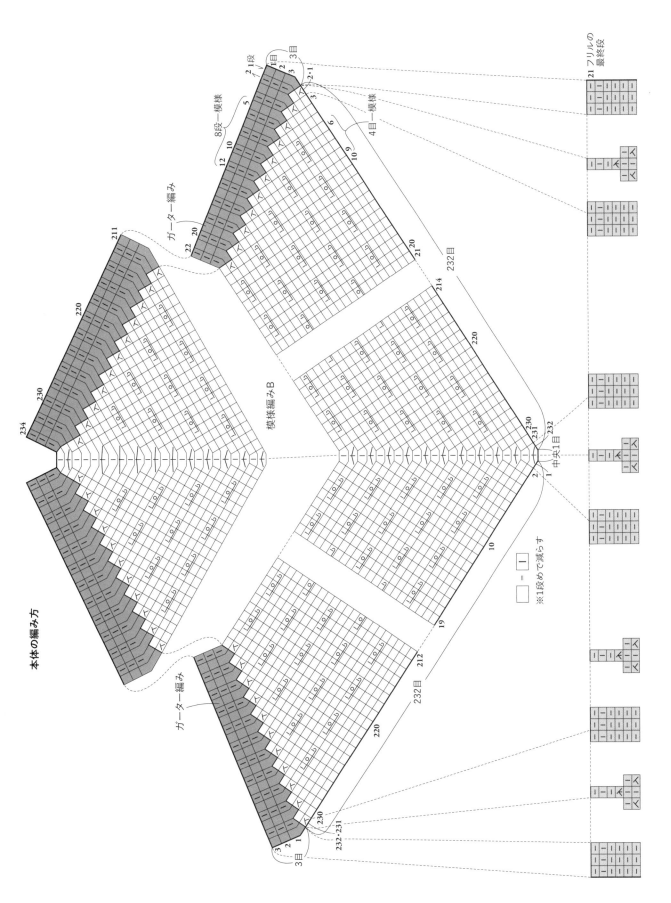

ガーター編み

ガーター編み

模様編みB

21 フリルの最終段

中央1目

□ = |

※1段めで減らす

81

North Sea

P.32

四角の中心で目を作り、角で目を増やして
広げます。続けて縁編みを編み、最後の1
周は、棒針で作るピコットと伏せ目で整え
ます。

糸　ハマナカ ソノモノ ロイヤルアルパカ　オフホワイト（141）330g

針　6号輪針（120〜150cm）

ゲージ　模様編み　17.5目35段が10cm四方

サイズ　105×105cm

編み方　糸は1本どりで編みます。

円形から目を作る方法で8目作り目し、模様編みと縁編みで四角形に目を増
しながら編みます。縁編みの最終段は棒針でピコットを作りながら伏止めに
します（P.90参照）。

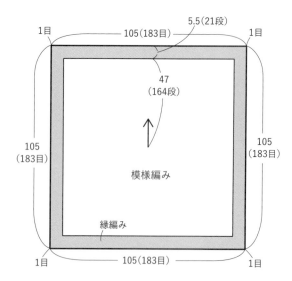

円形から目を作る方法

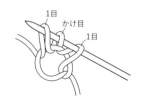

指で輪を作り、輪の中に針を入れ、交互に糸を
引き出します。作り目がゆるまないように、糸始
末のときに糸を1周通して引き締め、半返しをし
て始末をします。

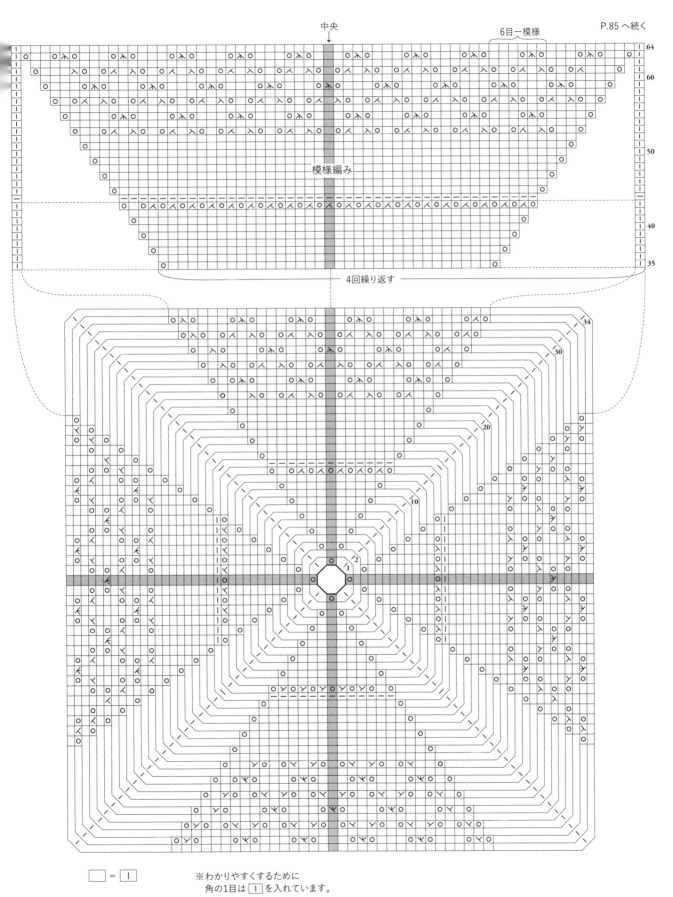

中央

6目一模様

模様編み

4回繰り返す

□ = □

※わかりやすくするために
角の1目は □ を入れています。

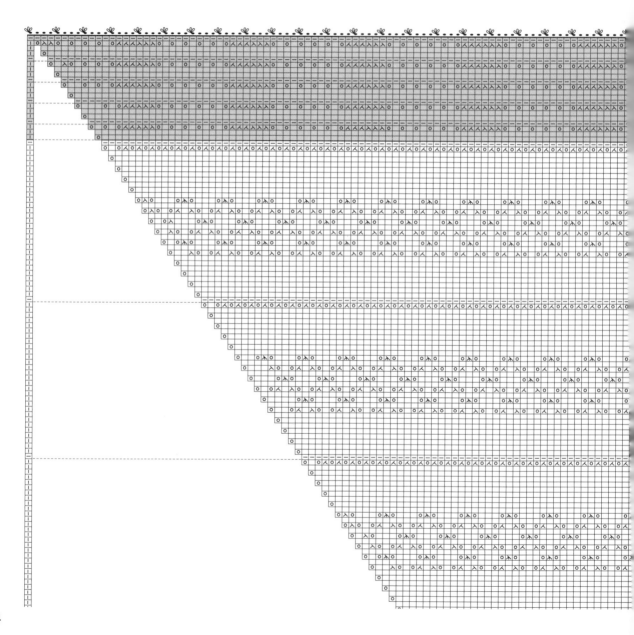

21段めの編始め。
1目めは編まずに右針に移し、2目めを表目で編んで
1目めをかぶせる(伏せ目)。
続けて3目伏せ目をしてピコットを編み、1周して最後
は1目めの伏せ目にピコットを編んで編み終わる。

✤＝ピコット（P.90 参照）

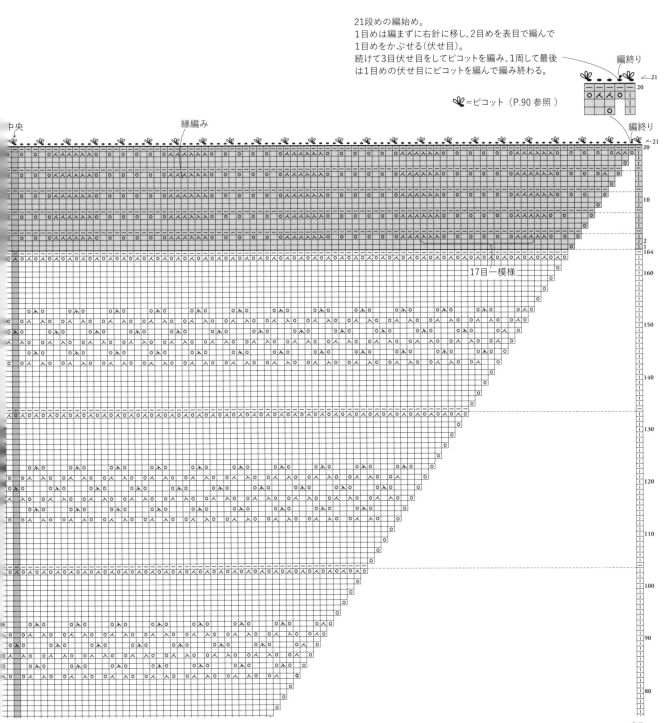

85

※この本の作品は、輪針を使って編んでいます。
P.82の幅の広いショール以外は、80cmの長さが編みやすいでしょう。
輪針は筒状に輪に編むときだけでなく、
2本棒針と同じように往復に編むこともできます。
1段めが編めたら裏返し、次の段を編みます。

輪針で往復に編む

1 作り目ができたら裏返して持ち、裏を見ながら編始め側に向かって編む。

2 輪針のコードはこのように輪になる。

3 同じ要領で端まで編んだら、編み地を持ち替えて編む。

※1本の輪針で小さな輪編みも編めるテクニックです。
80cm以上の長い輪針を使います。
針を選ぶときは、針とコードのつなぎ目の太さの差が少なく、
コード部分が柔かいものが編みやすいでしょう。

マジックループ

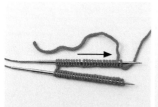

1 作り目をし、作り目の中央から輪針のコードを引き出し、2本の針に目を分ける。矢印の方向に針を引き抜く。

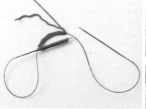

2 作り目の両側にコードが出た状態。

3 編み目がねじれないように表を見ながら**1**で引き抜いた針で作り目の1目めを編む。

4 1目めが編めて輪になった。目と目の間がゆるまないように続けて編み進む。

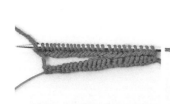

5 針にかかっている目が編めた。

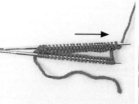

6 針の向きを持ち替え、これから編む目を針先に移し、矢印の方向に針を引き抜いて、編んだ目をコードに移す。

7 針にかかっている目を編み進む。

8 同じ要領でこれから編む目を針先に移動させ、編んだ目をコードに移して編む。

ケーブルキャストオン

1 指で輪を作り、左針に目をかける。1目めとなる。

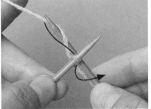

2 矢印のように右針に糸をかけて引き出す。

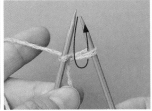

3 引き出した目に左針を矢印のように入れる。

4 左針に目を移す。2目できた。

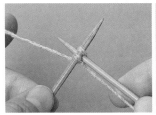

5 目と目の間に右針を入れる。

6 糸をかけて引き出す。

7 3の要領で目を左針に移す。3目できた。

8 5〜7を繰り返し、必要目数を作る。表目1段と数える。

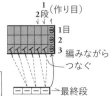

※アイコードは短針2本を使います。
※ P.62 の作品で解説しますが、バスケット編みの目が縮まないように同じ目に2回、右上2目一度を編みます。
※ P.50 の作品は1目と1段、2目と1段を右上2目一度で編みます。記号図を参照して同じ要領で編んでください。
※わかりやすいように糸の色を替えています。

アイコード

1 編終りの糸から続けて巻き目で3目作る。

2 1段め。巻き目の2目を表目で編み、3目めは編まずに矢印のように右針に移す。

3 本体の端の目を表目で編み、2で移した目をかぶせる。右上2目一度が編めた。

4 3目を針の右端に寄せ、左手に持つ。

5 2段め。新しい針でアイコードの2目を表目で編み、3目めは編まずに右針に移す。

6 もう一度3と同じ本体の端の目に針を入れて糸を引き出し、表目を編む。

7 5で移した目をかぶせる。右上2目一度が編めた。

8 同様に、毎段編むごとに目を右端に寄せ、端の目と右上2目一度でつなぎながら編む。

ジャーマンショートロー

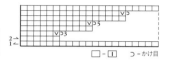

※ジャーマンショートローは引返し編みのテクニック。編み進むものと編み残すものの2種類がありますが、糸を手前にしてかけ目とすべり目をすることは共通です。
※わかりやすいように糸の色を替えています。

右斜めに編み進む

1 2段め（裏）は裏目で6目編んで表に返す。3段め（表）。糸を針の手前にする。

2 かけ目とすべり目をする。

3 次の目を表目で編む。このとき目がゆるまないように糸を引き締める。続けて端まで編む。

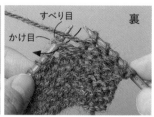

4 4段め（裏）。かけ目とすべり目の手前まで裏目で5目編み、矢印のように針を入れる。

左斜めに編み残す

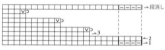

5 かけ目とすべり目を2目一度に裏目で編む。続けて裏目で5目編む。

6 5段め（表）。**1**と同様に糸を針の手前にし、かけ目とすべり目をする。

7 **3**〜**6**を同じ要領で編む。

1 3段め（裏）。端9目手前まで裏目で編み、表に返す。

2 4段め（表）。糸を針の手前にし、かけ目とすべり目をする。

3 次の目を表目で編む。このとき目がゆるまないように糸を引き締める。

4 続けて表目で端まで編む。

5 **1**〜**4**と同じ要領で編む。

6 続けて8段めまで編んだところ。

7 裏に返して段消しを編む。かけ目とすべり目の手前まで裏目で編み、矢印のように針を入れる。

8 かけ目とすべり目を2目一度に裏目で編む。

9 同じ要領で編み進み、段消しができた。

88

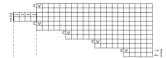

表	裏
1 1段め（表）は表目で5目編み、裏に返す。	**2** 2段め（裏）。糸を針の手前にしてかけ目とすべり目をする。続けて裏目で端まで編む。

表	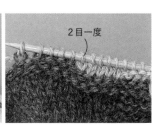2目一度
3 3段め（表）。かけ目とすべり目の手前まで表目で編み、矢印のように針を入れて2目一度に表目で編む。	**4** 続けて表目で5目編み、裏に返す。

	裏
5 2、3と同じ要領で編む。	**6** 右斜めに編み残すときも同様に、糸を針の手前にしてかけ目とすべり目を編む。

右斜めに編み残す
左斜めに編み進む
左斜めに編み残す
右斜めに編み進む

ラップアンドターン

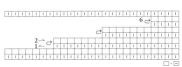

※ラップアンドターンは引返し編みのテクニックです。
※わかりやすいように糸の色を替えています。

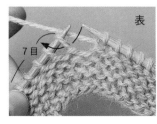表 7目	移した目
1 1段め（表）。7目残し、左針の1目めを編まずに右針に移す。	**2** 糸を手前にする。

移した目	移した目 裏
3 右針に移した目を左針に戻す。	**4** 裏返す。移した目に糸が巻きつく。このとき、目がゆるまないように糸を引き締める。

5 続けて編み進む。	**6** ●印の位置は引き返したところ。

7 7段め（表）。全目を続けて表目で編む。

ピコット

 ※わかりやすいように糸の色を替えています。

1 4目伏せ目を編む。

2 左針に目を移す。

3 移した目と左隣りの目の間に針を入れて糸をかけて引き出す。

4 引き出したところ。引き出した目をケーブルキャストオン（P.87参照）の要領で左針に移す。

5 2目できた。

6 目と目の間に針を入れ、針に糸をかけて引き出す。

7 引き出した目を左針に移す。

8 3目できた。

9 1目めを表目で編む。

10 2目めも表目で編み、1目めを2目めにかぶせる。

11 左針に1目残る。3目めを表目で編む。

12 矢印のように編んだ目にかぶせる。

13 ピコットが編めた。

14 続けて4目伏せ目を編み、**2〜13**を繰り返す。

15 続けて編んだところ。

［棒針編みの基礎］

作り目

◎指に糸をかけて目を作る方法

作り目は指定の針の号数より1〜2号下げるか、針1本にして、1〜2号太い針を使うときれいです

1
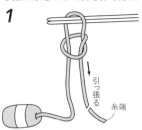
糸端から編む寸法の約3倍の長さのところで輪を作り、棒針をそろえて輪の中に通します

2

輪を引き締めます

3

短いほうを左手の親指に、糸玉のほうを人さし指にかけ、右手は輪のところを押さえながら棒針を持ちます。親指にかかっている糸を図のようにすくいます

4
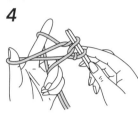
すくい終わったところ

5

親指にかかっている糸をはずし、その下側をかけ直しながら結び目を締めます

6

親指と人さし指を最初の形にします。3〜6を繰り返します

7

必要目数を作ります。これを表目1段と数えます

8

2本の針から1本を抜き、糸のある側から2段めを編みます

◎別糸を使って目を作る方法

1

編み糸に近い太さの木綿糸で鎖編みをし、鎖の編終りの裏山に針を入れて編み糸を引き出します

2

必要数の目を拾います

3

拾ったところ。これを表目1段と数えます

4
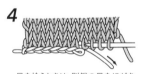
目を拾うときは、別鎖の目をほどきながら目を針に拾います。最後の端の目は半目を拾います

◎かぎ針を使って目を作る方法

1

かぎ針で1目鎖目を編み、糸の手前側に棒針をおきます

2

かぎ針に糸をかけ、矢印のように糸を引き出します

3

糸を棒針の向う側に回します

4

かぎ針に糸をかけ、矢印のように糸を引き出します

5
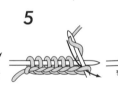
3〜4を繰り返します

6
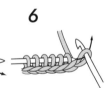
最後の目は、かぎ針の目を棒針に移します。作り目は段数に数えません

編み目記号

表目
|

1

糸を向う側におき、左針の目に手前から針を入れます

2

右針に糸をかけ、矢印のように引き出します

3

引き出しながら、左針から目をはずします

4
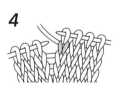

裏目
—

1

糸を手前におき、左針の目に向う側から針を入れます

2

右針に糸をかけ、矢印のように引き出します

3

引き出しながら、左針から目をはずします

4

右上2目一度

入

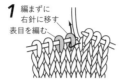
1 編まずに
右針に移す
表目を編む
右針を手前から入れ、編まずに
移し、次の目を表目で編みます

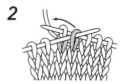
2
編んだ目に移した目をかぶ
せます

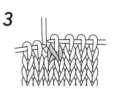
3
右側の目が上に重なります

左上2目一度

人

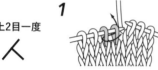
1
右針を2目一緒に手前から
入れます

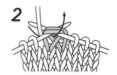
2
糸をかけて表目を編みます

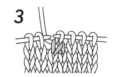
3
左側の目が上に重なります

左上2目一度（裏目）

人

裏目を2目一度に編み
ます

右上3目一度

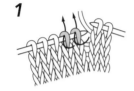
1
右針を手前から入れ、2目
編まずに移します

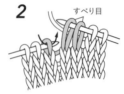
2 すべり目
次の目を表目で編みます

3
編んだ目に移した2目を
かぶせます

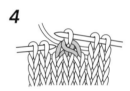
4
右側の目が上に重なります

中上3目一度

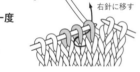
1 編まずに
右針に移す
右針を2目一緒に手前から
入れます

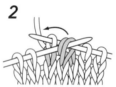
2
糸をかけて3目めを表目で編み、
移した2目をかぶせます

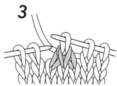
3
中央の目が上に重なります

左上3目一度

3目を一度に表目で編みます
※目数が異なる場合も同じ
要領で編みます

かけ目

○

1 手前からかける
右針に手前から糸をかけ
ます

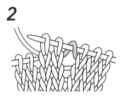
2
次の目以降を編みます

3
次の段を編むとかけ目のところに穴
があき、1目増したことになります

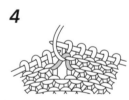
4

すべり目

∨

1
糸を向う側におき、右針を
向う側から入れ、編まずに
移します

2
次の目を編みます。
記号の下の段だけが引き上がり、
裏側に糸が渡ります

編出し増し目

3

かけ目
表目　　表目
1目に3目を
編み入れます

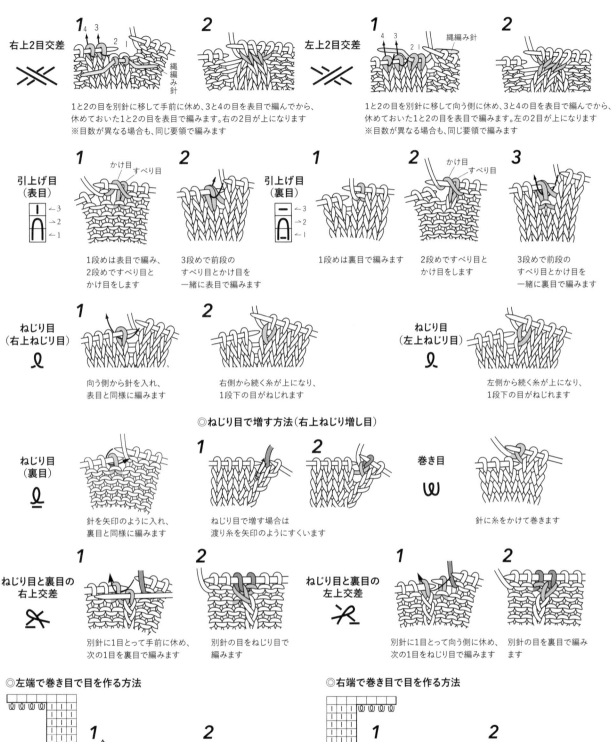

右上2目交差 ⤬

1と2の目を別針に移して手前に休め、3と4の目を表目で編んでから、
休めておいた1と2の目を表目で編みます。右の2目が上になります
※目数が異なる場合も、同じ要領で編みます

縄編み針

左上2目交差 ⤬

縄編み針

1と2の目を別針に移して向う側に休め、3と4の目を表目で編んでから、
休めておいた1と2の目を表目で編みます。左の2目が上になります
※目数が異なる場合も、同じ要領で編みます

引上げ目（表目）

かけ目　すべり目

1段めは表目で編み、
2段めですべり目と
かけ目をします

3段めで前段の
すべり目とかけ目を
一緒に表目で編みます

引上げ目（裏目）

かけ目　すべり目

1段めは裏目で編みます

2段めですべり目と
かけ目をします

3段めで前段の
すべり目とかけ目を
一緒に裏目で編みます

ねじり目（右上ねじり目）

向う側から針を入れ、
表目と同様に編みます

右側から続く糸が上になり、
1段下の目がねじれます

ねじり目（左上ねじり目）

左側から続く糸が上になり、
1段下の目がねじれます

ねじり目（裏目）

針を矢印のように入れ、
裏目と同様に編みます

◎ねじり目で増す方法（右上ねじり増し目）

ねじり目で増す場合は
渡り糸を矢印のようにすくいます

巻き目

針に糸をかけて巻きます

ねじり目と裏目の右上交差

別針に1目とって手前に休め、
次の1目を裏目で編みます

別針の目をねじり目で
編みます

ねじり目と裏目の左上交差

別針に1目とって向う側に休め、
次の1目をねじり目で編みます

別針の目を裏目で編み
ます

◎左端で巻き目で目を作る方法

左手に糸をかけ、右の針で矢印の
ようにすくい、左手の指を抜きます

必要目数

必要目数を作ります

◎右端で巻き目で目を作る方法

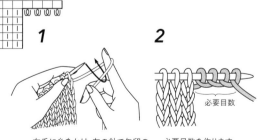

右手に糸をかけ、左の針で矢印の
ようにすくい、右手の指を抜きます

必要目数

必要目数を作ります

編込み模様の編み方

◎縦に糸を渡す方法

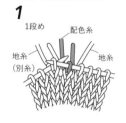

1
1段め
配色糸
地糸
(別糸)
地糸

2
2段め

3
3段め

4

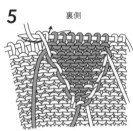

5
裏側

地糸を休ませ、配色糸で
編んで休ませておき、
別の地糸をつけて編みます

配色糸と地糸(別糸)を
からませて替えて編みます

地糸と配色糸をからませて
替えて編みます

常に同じ方向にからませます

目の止め方

◎棒針を使う方法

● 伏止め(表目)

1

2

3

端の2目を表目で編み、
1目めを2目めにかぶせ
ます

表目を編み、かぶせる
ことを繰り返します

最後の目は、引き抜い
て糸を締めます

● 伏止め(裏目)

1

2

3

端の2目を裏目で編み、
1目めを2目めにかぶせ
ます

裏目を編み、かぶせる
ことを繰り返します

最後の目は、引き抜い
て糸を締めます

◎かぎ針を使う方法

● 伏止め(表目)

1

2

3

端の目にかぎ針を手前から
入れて、糸をかけて引き抜
きます

2目めにかぎ針を入れ、
糸をかけて2目を一度に
引き抜きます

2を繰り返し、最後の目は、
引き抜いて糸を締めます

● 伏止め(裏目)

1

2

3

端の目にかぎ針を向う側
から入れて、糸をかけて
引き抜きます

糸を手前において次の目も
同じ要領でかぎ針を入れ、
糸をかけて2目一度に引き
抜きます

2を繰り返します。
最後の目は引き抜いて
糸を締めます

はぎ方・とじ方

メリヤスはぎ

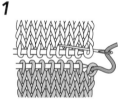

1

2

3

4

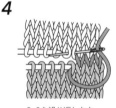

手前側の端の目に裏側から糸を出し、
向う側の端の目に針を入れます

手前側の端の目に戻り、表側から針を
入れ、2目めの表側に針を出します

向う側の端の目の表側から針を入れ、
2目めの表側に針を出します

2、3を繰り返します

1目ゴム編み止め(往復編みの場合)

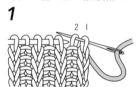

1
2 1

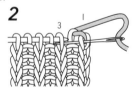

2
3 1

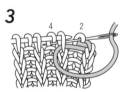

3
4 2

4

1の目は向う側から手前に、
2の目は手前から向う側に
針を入れて糸を引きます

2の目をとばして、1の目と
3の目(表目どうし)に
図のように針を入れます

3の目をとばして2の目と
4の目(裏目どうし)に
針を入れます

2、3を繰り返し、最後は裏
目と最後の目に向う側から
手前に針を入れます

この本で使用した糸

（実物大）

1 **ハマナカ アメリー**

ウール（ニュージーランドメリノ）70%
アクリル 30%　40g 玉巻き　約 110m

2 **ハマナカ アメリーエフ《合太》**

ウール（ニュージーランドメリノ）70%
アクリル 30%　30g 玉巻き　約 130m

3 **ハマナカ ソノモノ《合太》**

ウール 100%　40g 玉巻き　約 120m

4 **ハマナカ ソノモノ アルパカウール《並太》**

ウール 60%　アルパカ 40%　40g 玉巻き　約 92m

5 **ハマナカ ソノモノ ロイヤルアルパカ**

アルパカ（ロイヤルベビーアルパカ使用）100%
25g 玉巻き　約 105m

6 **リッチモア アルパカレジェーロ〈グラデーション〉**

アルパカ 75%　ナイロン 25%　50g 玉巻き　約 225m

7 **リッチモア アンデネス**

ウール 58%　ナイロン 24%　アルパカ 18%
50g 玉巻き　約 220m

8 **リッチモア エクセレントモヘア〈カウント 10〉**

ウール 76%（スーパーキッドモヘヤ 71%　ラムウール 5%）
ナイロン 24%　20g 玉巻き　約 200m

9 **リッチモア カシミヤ**

カシミヤ 100%　20g 玉巻き　約 92m

10 **リッチモア カシミヤグレイス**

カシミヤ 100%　20g 玉巻き　約 44m

11 **リッチモア パーセント**

ウール 100%　40g 玉巻き　約 120m

ブックデザイン	わたなべひろこ（Hiroko Book Design）
撮影	森本美絵
	中辻 渉（プロセス、静物）
スタイリング	田中美和子
モデル	市川実和子
ヘアメイク	廣瀬瑠美
トレース	大楽里美（day studio）
校閲	向井雅子
	渡辺道子
編み図製作	善方信子
編集	佐藤周子　楠本美冴（リトルバード）
	三角紗綾子（文化出版局）

この本の作品はハマナカ手芸手あみ糸、
リッチモア手あみ糸を使用しています。
糸については下記へお問い合わせください。

糸提供
ハマナカ
〒616-8585
京都市右京区花園薮ノ下町2番地の3
http://www.hamanaka.jp
http://www.richmore.jp
info@hamanaka.co.jp

※材料の表記は2021年9月現在のものです。

まきもの

2021年9月26日　第1刷発行

著者	風工房
発行者	濱田勝宏
発行所	学校法人文化学園 文化出版局
	〒151-8524　東京都渋谷区代々木 3-22-1
	☎ 03-3299-2487（編集）
	☎ 03-3299-2540（営業）
印刷・製本所	株式会社文化カラー印刷

文化出版局のホームページ　http://books.bunka.ac.jp/

この本についてのお問合せは下記へお願いします。
リトルバード　☎ 03-5309-2260
受付時間／13:00 ～ 16:00（土日・祝日はお休みです）